Das Alterseinkünftegesetz

FINANZ- UND STEUERRECHT IN DEUTSCHLAND UND EUROPA

Herausgegeben von Hanno Kube

Band 1

PETER LANG
Frankfurt am Main · Berlin · Bern · Bruxelles · New York · Oxford · Wien

Gordon Dreher

Das Alterseinkünftegesetz

Systematische Darstellung
und verfassungsrechtliche Zweifelsfragen

PETER LANG
Europäischer Verlag der Wissenschaften

Bibliografische Information der Deutschen Nationalbibliothek
Die Deutsche Nationalbibliothek verzeichnet diese Publikation in der Deutschen Nationalbibliografie; detaillierte bibliografische Daten sind im Internet über <http://www.d-nb.de> abrufbar.

Zugl.: Mainz, Univ., Diss., 2006

D 77
ISSN 1863-141X
ISBN 3-631-55724-8

www.peterlang.de

Meinen Eltern

Vorwort

Die vorliegende Arbeit wurde im Sommersemester 2006 vom Fachbereich Rechts- und Wirtschaftswissenschaften der Johannes Gutenberg Universität in Mainz als Dissertation angenommen. Die Idee zu dem Thema wurde in einer Diskussion mit meinem Doktorvater Prof. Dr. Dr. Wolfgang Förster geboren. Dafür und für die bei der Bearbeitung des Themas gewährte sehr große Unterstützung schulde ich ihm großen Dank. Die regelmäßigen Besprechungen bereits erstellter Abschnitte der Arbeit sowie Denkanstöße und Diskussionen zu noch anstehenden Aufgaben haben mich meinem Ziel immer wieder ein Stück näher gebracht. Besonderer Dank gebührt Herrn Prof. Dr. Dr. Förster ebenso wie dem Zweitgutachter Prof. Dr. Hanno Kube, LL.M., für die sehr zügige Erstellung ihrer Gutachten.

Meine Promotion wäre nicht zum Abschluss gekommen, wenn mir nicht die Möglichkeit einer Teilzeitbeschäftigung eingeräumt worden wäre. Dementsprechend gebührt der Kanzlei Kanzler-Kern-Finke in Bad Kreuznach Dank, da sie mir eine entsprechende Stelle angeboten hat. Insbesondere Herrn Eckard Finke bin ich zu Dank verpflichtet, da er stets auf die Belange meiner Promotion Rücksicht genommen hat, obwohl der Einsatz einer Teilzeitkraft sicher nicht immer einfach ist.

Besonders zu erwähnen sind außerdem Birgit Fischborn, Christian Böhme und Carsten Homann, die einen wesentlichen Beitrag zur Erstellung der Dissertation geleistet haben. Sie standen zum einen an scheinbar aussichtlosen Schlüsselstellen der Arbeit als Diskussionspartner zur Verfügung, was vor allem bei steuerrechtlichen Problemen nicht selbstverständlich ist. Darüber hinaus haben sie die undankbare Aufgabe übernommen, das Manuskript Korrektur zu lesen. Wer dennoch einen Tippfehler finden sollte, darf diesen behalten.

Großen Dank schulde ich aber vor allem meinen Eltern, die mich in meiner nicht kurzen Ausbildungszeit stets unterstützt und motiviert haben, auch wenn Durst-Strecken zu überwinden waren. Ihnen möchte ich diese Arbeit widmen.

Mainz im Mai 2006

Gordon Dreher

Inhaltsverzeichnis

Literaturverzeichnis 15
Abkürzungsverzeichnis 23
I. Einleitung 27
II. Historische Aspekte und Gesetzgebungsverfahren 29
A. Historie der Rentenbesteuerung in Deutschland 29
B. Die Rentenbesteuerung in der Rechtsprechung des BVerfG 31
1. Beschluss vom 26. März 1980 31
2. Beschluss vom 24. Juni 1992 32
3. Urteil vom 06. März 2002 32
C. Gesetzgebungsverfahren 33
III. Grundprinzipien 35
A. Nachgelagerte Besteuerung 35
1. Ertragsanteilsbesteuerung 35
2. Teilbesteuerung 37
3. Vollbesteuerung 39
a) Vorgelagerte Besteuerung 39
b) Nachgelagerte Besteuerung 40
B. Sonderausgabenabzug 42
1. Bisherige Rechtslage 43
2. Neue Rechtslage 44
C. 3-Schichten-Modell 46
IV. Regelungen zur Basisversorgung (1.Schicht) 49
A. Sonderausgabenabzug 49
1. Altersvorsorgeaufwendungen, § 10 Abs. 1 Nr.2 EStG 49
2. Berücksichtigung von Beiträgen (Ansparphase) 51
3. Abzugsumfang Übergangsphase 52
4. Sonstige Vorsorgeaufwendungen 52
B. Besteuerung 54
1. Endgültige Regelung 54
a) Leibrenten der Basisversorgung 54
(1) Reguläre Besteuerung 54
(2) Öffnungsklausel 55
b) Beamtenpensionen 56
c) Abschaffung Altersentlastungsbetrag 57
2. Übergangsregelung 57
a) Leibrenten 57
(1) Kohortenprinzip 57
(2) Rentenanpassungen 58
(3) Sonderfall „nachfolgende Rente“ 59

b) Abschmelzen des Versorgungsfreibetrages und des Werbungskostenpauschbetrages für Beamtenpensionen 59
c) Abschmelzen des Altersentlastungsbetrages 60
V. Regelungen zur Zusatzversorgung (2. Schicht) 61
A. Riester-Rente 61
1. Besteuerung 61
2. Neuerungen 62
a) Dauerzulagenantrag 62
b) „Unisex – Tarife“ 62
c) Abfindung Kleinbetragsrente 63
d) Übertragung im Rahmen des Versorgungsausgleichs 64
e) Einheitlicher Sockelbetrag 64
B. Betriebliche Altersversorgung 64
1. Durchführungswege der betrieblichen Altersversorgung 65
a) Pensionszusage 65
b) Unterstützungskasse 65
c) Pensionskasse 66
d) Pensionsfonds 67
e) Direktversicherung 67
2. Änderungen des § 3 Nr. 63 EStG 67
a) Einbeziehung der Direktversicherung 67
b) Modifikation der Voraussetzungen der Steuerfreiheit 68
c) Erhöhung des Abzugsbetrages 68
d) Vervielfältigungsregelung 69
3. Änderung des § 40b EStG 70
4. Übertragung von Versorgungsanwartschaften bei Arbeitgeberwechsel (Portabilität) 71
a) Arbeitsrechtliche Grundlagen, § 4 BetrAVG 71
(1) Einvernehmliche Anwartschaftsübertragung 71
(2) Recht des Arbeitnehmers auf Übertragung 72
b) Steuerliche Flankierung, § 3 Nr. 55 EStG 73
(1) Übertragung von „extern“ auf „extern“ 73
(2) Übertragung von „intern“ auf „intern“ 74
(3) Übertragung von „extern“ auf „intern“ 74
(4) Übertragung von „intern“ auf „extern“ 75
VI. Regelungen für Kapitalanlageprodukte (3. Schicht) 77
A. Einschränkung des Lebensversicherungsprivilegs 77
B. Senkung Ertragsanteile 78
VII. Verfassungsmäßigkeit der Regelungen 79
A. Verfassungsrechtliche Prinzipien des Steuerrechts 81
1. Wirtschaftliche Leistungsfähigkeit 82
a) Nettoprinzip 82

(1) Objektives Nettoprinzip ... 83
(2) Subjektives Nettoprinzip ... 84
b) Horizontale und vertikale Steuergerechtigkeit ... 85
2. Folgerichtigkeit ... 86
a) Konsistenz in Teil- und Gesamtrechtsordnung ... 86
b) Systemwidrigkeit oder Gleichheitsverstoß ... 87
c) Anwendung im Steuerrecht ... 88
3. Verbot der Doppelbesteuerung ... 88
a) Verfassungsrechtliche Herleitung ... 89
(1) Ungleichbehandlung (Art. 3 Abs. 1 GG) ... 89
(2) Eigentumsbeeinträchtigung (Art. 14 GG) ... 90
(3) Verfassungsrechtliche Rechtfertigung ... 91
(a) Ungleichbehandlung (Art. 3 Abs. 1 GG) ... 91
(b) Eigentumsbeeinträchtigung (Art. 14 GG) ... 92
(c) Auffassung des BVerfG ... 93
(d) Ergebnis ... 93
(4) Spannungsverhältnis zwischen Typisierungskompetenz des Gesetzgebers und dem Verbot der Doppelbesteuerung ... 93
(5) Ergebnis ... 95
b) Vorliegen einer Doppelbesteuerung ... 95
(1) Steuersystematische Betrachtung ... 96
(2) Effektive steuerliche Tarifbelastung ... 96
(3) Vorzugswürdigkeit der steuersystematischen Betrachtung ... 97
(a) Auffassung des BVerfG ... 97
(b) Grundfreibetrag als Tarifvorschrift ... 97
(c) Einheitlichkeit des Grundfreibetrages ... 98
(d) Berücksichtigung von Sonderausgaben ... 98
(4) Ergebnis ... 99
4. Korrespondenzprinzip ... 99
a) Begriffsbestimmung ... 99
b) Geltung im Steuerrecht ... 100
(1) Auffassungen in der Literatur ... 100
(2) Ansicht des BVerfG ... 101
(3) Ablehnung des Korrespondenzprinzips ... 101
B. Verfassungsrechtliche Zulässigkeit im Zielstatus ... 103
1. Einordnung der Aufwendungen als Sonderausgaben ... 104
a) Keine Abzugsfähigkeit als Werbungskosten ... 104
b) Verstoß gegen das Prinzip der Folgerichtigkeit ... 106
(1) Systemwidrigkeit ... 106
(2) Rechtsfolgenunterschiede ... 106
(a) Konsequenzen des Sonderausgabenabzugs ... 106
(b) Ungleichbehandlung durch Sonderausgabenabzug ... 108

(3) Fehlende Rechtfertigung ... 110
c) Verstoß gegen das Doppelbesteuerungsverbot ... 111
(1) Vorliegen Doppelbesteuerung ... 111
(2) Zeitpunkt der Geltendmachung ... 111
(a) Grundrechtseingriff vollzogen ... 112
(b) Rechtsunsicherheit ... 113
(c) Einheitliche Beurteilung ... 113
(d) Zwischenergebnis ... 114
d) Ergebnis ... 115
2. Begrenzung Sonderausgabenabzug ... 115
a) Verstoß gegen das objektive Nettoprinzip ... 116
(1) Unanwendbarkeit des subjektiven Nettoprinzips ... 116
(2) Unterlaufen der grundgesetzlichen Schranken ... 117
(3) Verletzung des objektiven Nettoprinzips ... 118
b) Fehlende Rechtfertigung ... 118
(1) Sicherung angemessener Vorsorge ... 119
(2) Vermeidung missbräuchlicher Gestaltungen ... 120
(a) Kein Missbrauch ... 121
(b) Geringe Steuersatzdifferenz ... 121
(c) Keine hohen Investitionen zu erwarten ... 122
(3) Fiskalische Gründe ... 122
(4) Kenntnis des Steuerpflichtigen ... 122
(5) Sonstige Rechtfertigungsgründe ... 123
c) Ergebnis ... 123
3. Doppelte Besteuerung durch Abzugshöchstbetrag ... 123
a) Vorliegen einer Doppelbesteuerung ... 124
b) Fehlende Rechtfertigung ... 124
c) Zwischenergebnis ... 125
d) Zeitpunkt der Geltendmachung ... 125
e) Ergebnis ... 125
4. Begrenzung sonstiger Vorsorgeaufwendungen ... 126
a) Existenzsichernde Aufwendungen ... 127
(1) Keine Sparleistungen ... 127
(2) Gegenwärtiges Existenzminimum ... 127
(3) Maßstab der Sozialhilfe ... 128
(4) Zwischenergebnis ... 129
b) Realitätsgerechte Berücksichtigung ... 129
c) Ergebnis ... 130
5. Ungleichbehandlung von Lebensversicherungen ... 130
C. Verfassungsmäßigkeit der Übergangsregelungen ... 131
1. Vorliegen einer Doppelbesteuerung ... 131
a) Ansatz der Rürup-Kommission ... 133

(1) Beiträge aus versteuertem Einkommen 133
(2) Steuerfreier Rentenzufluss 134
b) Ansatz des Gesetzgebers 135
c) Ansatz des Verbands deutscher Rentenversicherungsträger (VDR) 136
d) Vorzugswürdigkeit des Ansatzes des VDR 138
(1) Ablehnung des Ansatzes des Gesetzgebers 138
(2) Begründung des Ansatzes des VDR 138
e) Evidente Doppelbesteuerung bei Renteneintritt um das Jahr 2040 . 140
f) Ergebnis 140
2. Keine Rechtfertigung 140
3. Unzureichende „Öffnungsklausel“ 141
4. Ergebnis 141
VIII. Lösungsansätze für verfassungskonforme Regelungen 143
A. Vollständige Umsetzung der nachgelagerten Besteuerung 143
B. Anpassung der Höchstbeträge für sonstige Vorsorgeaufwendungen 144
C. Individuallösung für Übergangsregelung 144
D. Vereinheitlichung der Alterseinkünfte 145
IX. Zusammenfassung 147

Literaturverzeichnis

Ahrend/Förster/Rößler	Steuerrecht der betrieblichen Altersversorgung, Loseblatt, 4.Auflage, Köln 2000; Zit.: Ahrend/Förster/Rößler
Ahrend/Förster/Rühmann	Gesetz zur Verbesserung der betrieblichen Altersvorsorge, 10. Auflage, München 2005
Andel, Norbert	Finanzwissenschaft, 4. Auflage, Tübingen 1998 Zit.: Andel
Arbeitsgruppe für Steuerreform der Deutschen Steuerjuristischen Gesellschaft 1996	Beschlüsse zur Reform des Steuerrechts Zit.: Arbeitgruppe Steuerreform 1996
Bertuleit, Achim und Binne, Wolfgang	Vollbesteuerung von Renten aus der gesetzlichen Rentenversicherung?, NZS 1997, 49
Birk, Dieter	Steuerrecht, 7. Auflage, Heidelberg 2004, Zit.: Birk, Steuerrecht
Birk, Dieter	Das Leistungsfähigkeitsprinzip als Maßstab der Steuernormen, Köln 1983 Zit.: Birk, Leistungsfähigkeitsprinip
Birk, Dieter und Wernsmann, Rainer	Die Besteuerung der betrieblichen Altersversorgung – Reformbedarf und Gestaltungsmöglichkeiten des Gesetzgebers, DB 1999, 166
Bonner Kommentar	Kommentar zum Grundgesetz, Loseblatt, Heidelberg 2004; Zit.: BK-Bearbeiter
Brall, Natalie; Bruno-Latocha, Gesa und Lohmann, Albert	Abschlussbericht der Besteuerungskommission – Kritik und Lösungsvorschlag, DRV 03, 465
Brall, Natalie; Bruno-Latocha, Gesa und Lohmann, Albert	Steuerliche Behandlung der Altersvorsorge nach dem Entwurf des Alterseinkünftegesetzes, DRV 03, 673
Brall, Natalie; Bruno-Latocha, Gesa und Lohmann, Albert	Neuordnung der Rentenbesteuerung – Auswirkungen für Versicherte, Rentner und Rentenversicherungsträger, DRV 04, 409
Brümmerhoff, Dieter	Die Einkommensbesteuerung der Sozialversicherungsrenten, StuW 1979, 219
Buttler, Andreas	Einführung in die betriebliche Altersvorsorge, 3.Auflage, Karlsruhe 2002

Deutscher Juristentag	Die Beschlüsse des 65. Deutschen Juristentages Bonn 2004, NJW 2004, 3241
Deutscher Juristentag	Sitzungsbericht N zum 57. Deutschen Juristentag, 1988, S. 42ff.; Zit.: Juristentag
Dommermuth, Thomas und Hauer, Michael	Besteuerung der „Rürup – Rente" – es bleibt beim Verpuffungseffekt (Duplik zu Risthaus, FR 05, 295), FR 05, 297
Dommermuth, Thomas und Hauer, Michael	Ist die neue „Rürup" – Versicherung steuerlich und wirtschaftlich wirklich sinnvoll?, FR 2005, 57
Dreier, Horst	Kommentar zum Grundgesetz, Tübingen 1996 Zit.: Dreier - Bearbeiter
Eichhorn, Wolfgang von	Anmerkung zu BFH vom 11.12.02, HFR 03,345
Eichhorn, Wolfgang von	Zur (steuerlichen) Berücksichtigung von Vorsorgeaufwendungen am Beispiel Selbstständiger, DB 00, 944
Eichhorn, Wolfgang von	Vorsorgeaufwendungen auf dem Prüfstand des Bundesverfassungsgerichts, DStR 03, 1515
Einkommensteuer Kommission 1994 („Bareis")	Thesen der Einkommensteuer-Kommission zur Steuerfreistellung des Existenzminimums ab 1996 und zur Reform der Einkommensteuer; BB, Beilage zu Heft 34/1994 Zit.: Einkommensteuer-Kommission 1994
Einkommensteuerkommission	Untersuchungen zum Einkommensteuerecht – Bericht der Einkommensteuerkommission, Schriftenreihe des Bundesministeriums für Finanzen, Heft 7, 1964 Zit.: Einkommensteuerkommission 1958
Finanzwissenschaftlicher Beirat beim Bundesministerium für Finanzen	Gutachten zur Neugestaltung und Finanzierung von Alterssicherung und Familienlastenausgleich, Schriftenreihe des Bundesministeriums für Wirtschaft und Finanzen, Heft 18, 1971 Zit.: Wissenschaftlicher Beirat 1971
Fischer, Peter	Mehr Licht als Schatten im Steuerrecht der Altersvorsorgeaufwendungen und Altersbezüge, BB 03, 873
Fischer, Peter	Vorsorgeaufwendungen zwischen Verfassungsrecht und Rechtspolitik, FR 03, 770

Flore, Ingo	Das Alterseinkünftegesetz – Was kommt auf die Anwaltschaft zu?, AnwBl 2004, 343
Förster, Wolfgang	Besteuerung von Alterseinkommen – Stand der Diskussion, BetrAV 03, 494
Förster, Wolfgang	Neue steuerliche Rahmenbedingungen für Betriebsrenten durch das Alterseinkünftegesetz, BetrAV 04, 592
Förster, Wolfgang	Vorzüge der nachgelagerten gegenüber der vorgelagerten Besteuerung alles Durchführungswege der betrieblichen Altersversorgung; Betriebliche Altersversorgung in Deutschland im Zeichen der Globalisierung – Festschrift für Norbert Rößler, Köln 2000; Zit.: FS Rößler
Förster, Wolfgang und Cisch, Theodor	Die Änderungen im Betriebsrentengesetz durch das Alterseinkünftegesetz und deren Bedeutung für die Praxis, BB 2004,2126
Giloy, Jörg	Zur Neuregelung der Besteuerung von Alterseinkünften, DStZ 1995, 289
Greber, Wolfgang	Zur Neuordnung der Rentenbesteuerung, DStZ 97, 465
Griebeling, Gert	Betriebliche Altersversorgung; 1.Auflage; Neuwied, Kriftel, Berlin 1996
Gröpl, Christoph	Nachgelagerte Besteuerung (juristische Aspekte), Verband Deutscher Rentenversicherungsträger (Hrsg.), Besteuerung von Beiträgen und Leistungen in der Altersvorsorge, DRV-Schriften 29, 2001; Zit.: Gröpl
Gröpl, Christoph	Verfassungsrechtliche Vorgaben für intertemporale Korrespondenz und konsumorientierte Betrachtungsweise im Einkommensteuerrecht, FR 2001, 620
Hartmann, Rainer	Wesentliche Änderungen bei der betrieblichen Altersversorgung ab 2005 – Teil 1, INF 2005, 56
Heidrich, Mirco	Der Sonderausgabenabzug nach dem Alterseinkünftegesetz – ein steuersystematische Irrweg?; FR 04, 1321

Heidrich, Mirco	Gesetzliche Renteneinzahlungen als vorweggenommene Werbungskosten; DStR 05, 861
Herrmann/Heuer/Raupach	Einkommensteuer- und Körperschaftsteuergesetz, Loseblatt, Zit.: HHR/Bearbeiter
Hey, Johanna	Stellungnahme zum Entwurf des Alterseinkünftegesetzes anlässlich der öffentlichen Anhörung des Finanzausschusses des Deutschen Bundestages am 28.01.2004, Prot. FinA 15/47, 422
Hey, Johanna	Verfassungswidrige Doppelbesteuerung im Übergang zur nachgelagerten Besteuerung, DRV 2004, 1
Höfer, Reinhold	Die Neuregelung des Betriebsrentengesetzes durch das Alterseinkünftegesetz, DB 2004, 1426
Hohaus, Benedikt und Mittelsten Scheid, Stephan	Reform der Altersbesteuerung: Das neue Alterseinkünftegesetz; DStZ 04,591
Höreth, Ulrike und Schiegl, Brigitte	Auswirkungen des Alterseinkünftegesetzes auf die Direktversicherung, BB 2004, 2101
Horlemann, Heinz-Gerd	Überblick über das Alterseinkünftegesetz, FR 2004, 1049
Ifo-Institut für Wirtschaftsforschung	Der Beitrag des Steuersystems zur Reform der Alterssicherung, ifo-Studien zur Finanzpolitik, Band 48, 1990; Zit.: Ifo-Institut
Institut Finanz und Steuern	Ökonomische Probleme der Besteuerung von Alterseinkünften, IFSt-Schrift Nr. 340, 1995 Zit.: IFSt
Intemann, Jens und Cöster, Thilo	Altersvorsorgeaufwendungen als Werbungskosten? – Eine Diskussion aus steuersystematische Sicht, DStR 05, 1921
Isensee, Josef und Kirchhof, Paul	Handbuch des Staatsrechts, Band V, Heidelberg 2000 Zit.: Bearbeiter – HStR V
Jarass, Hans und Pieroth, Bodo	Kommentar zum Grundgesetz, 7. Auflage, München 2004 Zit.: Jarass/Pieroth - Bearbeiter
Kichhof/Söhn/Mellinghoff	Einkommensteuergesetz, Loseblatt Zit:: KSM/Bearbeiter

Kirchhof, Paul	Steuergleichheit, StuW 1984, 297
Kirchhof, Paul	Das Steuerrecht als Mittel und als Störfaktor der Wohnungspolitik 1983, DStR 1983, 279
Klein, Franz	Abgabenordnung, 6. Auflage, München 1998, Zit.: Klein
Korn, Klaus und Strahl, Martin	Alterseinkünftegesetz: Änderungen und Empfehlungen, KÖSDI 2004, 14360
Kratzsch, Alexander	Die Neuregelung der Alterseinkünftebesteuerung, StB 2004, 406
Lang u.a.	Kölner Entwurf eines Einkommensteuergesetzes, Köln 2005, Zit.: Kölner Entwurf eines Einkommensteuergesetzes
Ludwig Schmidt	Einkommensteuergesetz, 23. Auflage, München 2004; Zit.: Schmidt/Bearbeiter
Marx, Jürgen	Wesentliche Steueränderung durch das Alterseinkünftegesetz, StuB 2004, 717
Maute, Hanspeter	Auswirkungen des Alterseinkünftegesetzes auf GmbH-Gesellschafter-Geschäftsführer, Steuerliche Änderungen bei der betrieblichen Altersversorgung; GmbHR 2004, 1198
Melchior, Jürgen	Das Alterseinkünftegesetz im Überblick, DStR 2004, 1061
Myßen, Michael	Die steuerlichen Neuregelungen durch das Alterseinkünftegesetz, BetrAV 2004, 415
Neufang, Bernd	Das Alterseinkünftegesetz (AltEinkG), Stbg 2004, 551
Niermann, Walter	Alterseinkünftegesetz – Die steuerlichen Änderungen in der betrieblichen Altersversorgung, DB 2004, 1449
Paus, Bernhard	Steuerliche Vorteilhaftigkeit und verfassungsrechtliche Probleme der neuen privaten Altersvorsorgerente, DStZ 2004, 760
Peffekoven, Rolf	Rentenbesteuerung: Für das nachgelagerte Verfahren, ifo Schnelldienst 21/2000, 3 f.
Preißer, Michael und Sieben, Stefan	Alterseinkünftegesetz, 2. Auflage, Freiburg/Berlin/München/Zürich 2005 Zit.: Preißer/Sieben

Risthaus, Anne — Besteuerung der „Rürup – Rente“ – auch für Experten nur schwer durchschaubar? (Replik zum Beitrag von Dommermuth/Hauer, FR 05, 57), FR 05, 297

Risthaus, Anne — Die Änderungen in der privaten Altersversorgung durch das Alterseinkünftegesetz (Teil I + II), DB 2004, 1329 (Teil I) und 1383 (Teil II)

Ruland, Franz — Die Besteuerung von Alterseinkünften, StB 03, 42

Ruland, Franz — Doppelbesteuerung durch das Alterseinkünftegesetz, NJW – Editorial, Heft 1-2/2005

Ruland, Franz — Rentenbesteuerung und Rentenreform, NZS 2001, 7

Sachs — Kommentar zum Grundgesetz, 3. Auflage, München 2003; Zit.: Sachs (- Bearbeiter)

Sachverständigenkommission Alterssicherungssysteme — Berichtsband 2: Darstellung der Alterssicherungssysteme und der Besteuerung von Alterseinkommen, veröffentlicht durch die Bundesregierung 1983
Zit.: Sachverständigenkommission Alterssicherungssysteme 1983

Sachverständigenkommission zur Neuordnung der steuerlichen Behandlung von Altersvorsorgeaufwendungen und Altersbezügen — Abschlussbericht der Sachverständigenkommission zur Neuordnung der steuerlichen Behandlung von Altersvorsorgeaufwendungen und Altersbezügen, BMF-Schriftenreihe Band 74 (2003);
Zit.: Rürup – Kommission

Schnitker, Elmar und Grau, Timon — Neue Rahmenbedingungen für das Recht der betrieblichen Altersversorgung durch das Alterseinkünftegesetz, NJW 2005, 10

Seer, Roman — Die Besteuerung der Alterseinkünfte und das Gleichbehandlungsgebot, StuW 1996, 323

Seifert, Michael — Direktversicherung – Änderungen durch das Alterseinkünftegesetz,
Gestaltende Steuerberatung 04, 480

Söhn, Hartmut — Altersvorsorgeaufwendungen als vorwegentstandene (vorweggenommene) Werbungskosten, StuW 03, 332

Söhn, Hartmut	Verfassungsrechtliche Bindungen bei der Beschränkung der Abzugsfähigkeit von Vorsorgeaufendungen durch Höchstbeträge, StuW 90, 356
Söhn, Hartmut	Abzug von Rentenversicherungsbeiträgen als Sonderausgaben (§10 Abs. 1 Nr. 2 EStG) und Ertragsanteilsbesteuerung von Leibrenten (§22 Nr. 1 Satz 3 Buchstabe a EStG), StuW 1986, 324
Söhn, Hartmut und Müller-Franken, Sebastian	Vorgelagerte und/oder nachgelagerte Besteuerung von Altersbezügen?, StuW 2000, 442
Sozialbeirat	Gutachten des Sozialbeirats über langfristige Probleme der Alterssicherung in der Bundesrepublik Deutschland, BT-Drucks. 9/632 Zit.: Sozialbeirat 1981
Steuerreformkommission 1971	Gutachten der Steuerreformkommission 1971, Schriftenreihe des Bundesministeriums für Finanzen, Heft 17, 1971 Zit.: Steuerreformkommission 1971
Tipke, Klaus	Die Steuerrechtsordnung, Band I – III, Köln 1993; Zit.: Tipke, Band
Tipke, Klaus und Kruse, Wilhelm	Abgabenordnung, Finanzgerichtsordnung, Loseblattsammlung, Köln, Zit.: TK
Tipke, Klaus und Lang, Joachim	Steuerrecht, 17. Auflage, Köln 2002 Zit.: Tipke/Lang
Verband Deutscher Rentenversicherungsträger	Stellungnahme zum Entwurf des Alterseinkünftegesetzes anlässlich der öffentlichen Anhörung des Finanzausschusses des Deutschen Bundestages am 28.01.2004, Prot. FinA 15/47, 441, Zit.: VDR, Fundstelle
Weber-Grellet	Zur Verfassungsmäßigkeit des Abzugs von Vorsorgeaufendungen als Sonderausgaben, DStR 03, 454
Weber-Grellet	Das Alterseinkünftegesetz, DStR 2004, 1721
Welker, Felix	Das Altersvermögensgesetz und die Konsequenzen des AVmG für die betriebliche Altersversorgung – aus arbeitsrechtlicher, steuerrechtlicher und aufsichtsrechtlicher Sicht, Mainz 2004; Zit.: Welker

Welling, Berthold und Schnittker, Helder	Tagungsbericht zum 12. Berliner Steuergespräch: „Das Alterseinkünftegesetz", FR 2004, 1353
Wellisch, Dietmar und Näth, Maik	Änderungen die der betrieblichen Altersvorsorge durch das Alterseinkünftegesetz unter Berücksichtigung des BMF-Schreibens vom 17.11.2004 BB 2005, 18
Wendt, Rudolf	Besteuerung und Eigentum, NJW 1980, 2111
Wissenschaftlicher Beirat beim Bundesministerium für Finanzen 1967	Gutachten zur Reform der direkten Steuern (Einkommensteuer, Körperschaftsteuer, Vermögensteuer und Erbschaftsteuer) in der Bundesrepublik Deutschland, Schriftenreihe des Bundesministeriums für Finanzen, Heft 9, 1967 Zit.: Wissenschaftlicher Beirat 1967
Wissenschaftlicher Beirat beim Bundesministerium für Finanzen 1986	Gutachten zur einkommensteuerlichen Behandlung von Alterseinkünften, Schriftenreihe des Bundesministeriums für Finanzen, Heft 38, 1986 Zit.: Wissenschaftlicher Beirat beim BMF 1986
Zitzelsberger, Heribert	Reformüberlegungen zur Besteuerung der Alterseinkommen, DStZ 1984, 467

Abkürzungsverzeichnis

a.A.	anderer Ansicht
a.F.	alte Fassung
AltEinkG	Gesetz zur Neuordnung der einkommensteuerlichen Behandlung von Altersbezügen (Alterseinkünftegesetz)
AltZertG	Gesetz über die Zertifizierung von Altersvorsorgeverträgen (Altersvorsorgeverträge-Zertifizierungsgesetz)
Anm.	Anmerkung
AnwBl	Anwaltsblatt
AO	Abgabenordnung
Art.	Artikel
AVmG	Gesetz zur Reform der gesetzlichen Rentenversicherung und zur Förderung eines kapitalgedeckten Altersvorsorgevermögens (Altersvermögensgesetz)
AZ.	Aktenzeichen
BAG	Bundesarbeitsgericht
BB	Betriebs-Berater
Bd.	Band
BGB	Bürgerliches Gesetzbuch
BetrAV	Betriebliche Altersversorgung
BetrAVG	Gesetz zur Verbesserung der betrieblichen Altersversorgung
BFH	Bundesfinanzhof
BFH/NV	Nicht veröffentlichte Entscheidungen des BFH
BGBl	Bundesgesetzblatt
BMF	Bundesministerium der Finanzen
BStBl.	Bundessteuerblatt
BT-Drucks	Bundestags-Drucksache
BVerfG	Bundesverfassungsgericht
BVerfGE	Entscheidungen des Bundesverfassungsgerichts
BverfGG	Bundesverfassungsgerichtsgesetz
bzw.	beziehungsweise
DB	Der Betrieb
DRV	Deutsche Rentenversicherung
DStR	Deutsches Steuerrecht
DStRE	Deutsches Steuerrecht Entscheidungssammlung
DStZ	Deutsche Steuer-Zeitung

Einl.	Einleitung
erg	ergänze
EStG	Einkommensteuergesetz
ff.	fortfolgende
FN	Fußnote
FR	Finanzrundschau
FS	Festschrift
GG	Grundgesetz
ggf.	gegebenenfalls
grds.	grundsätzlich
grundl.	grundlegend
HFR	Höchstrichterliche Finanzrechtsprechung
HHR	Herrmann/Heuer/Raupach
HS	Halbsatz
HStR	Handbuch des Staatsrechts
INF	Die Information über Steuer und Wirtschaft
idR.	in der Regel
iSd.	im Sinne des
iVm.	in Verbindung mit
KÖSDI	Kölner Steuerdialog
LStDV	Lohnsteuer-Durchführungsverordnung
m.w.N.	mit weiteren Nachweisen
n.F.	neue Fassung
NJW	Neue Juristische Wochenschrift
NWB	Neue Wirtschaftsbriefe
NZS	Neue Zeitschrift für Sozialrecht
o.g.	oben genannt
p.a.	per anno
Prot. FinA	Sitzungsprotokolle des Finanzausschusses
RGBl	Reichsgesetzblatt
RN	Randnummer
Rspr.	Rechtsprechung
SGB	Sozialgesetzbuch
sog.	sogenannte
st. Rspr.	Ständige Rechtssprechung
StB	Der Steuerberater
Stbg	Die Steuerberatung
StuB	Steuer- und Bilanzpraxis

STRO	Die Seuerrechtsordnung
StuW	Steuer und Wirtschaft
TK	Tipke/Kruse
u.a.	unter anderem
usw.	und so weiter
VDR	Verband Deutscher Rentenversicherungsträger
vgl.	vergleiche
VZ	Veranlagungszeitraum
WRV	Weimarer Reichsverfassung
z.B.	zum Beispiel
Ziff.	Ziffer

I. Einleitung

Die Problematik der abweichenden Besteuerung von Renteneinkünften einerseits und Beamtenpensionen andererseits war seit mehreren Jahrzehnten Gegenstand von umfassenden Reformdiskussionen. Anlass hierfür war vor allem die Frage, ob die unterschiedliche steuerliche Behandlung der verschiedenen Formen von Ruhestandseinkünften vor dem grundgesetzlich gebotenen Gleichbehandlungsgrundsatz Bestand haben kann. Trotz zahlreicher Vorschläge von Reformkommissionen bzw. -beiräten und ähnlicher Institutionen war eine durchgreifende Änderung aber politisch offensichtlich nicht durchsetzbar, so dass nur in Einzelpunkten Änderungen und kleinere Korrekturen erfolgten. Auch erste Entscheidungen des BVerfG vermochten hieran nichts zu ändern.

Durch das Urteil des BVerfG vom 06.03.2002[1] („Rentenentscheidung“) wurde die bisherige Rechtslage aber für verfassungswidrig erklärt und war lediglich noch für eine Übergangszeit bis zum 31.12.2004 weiter anwendbar. Der Gesetzgeber war daher verpflichtet, bis spätestens zu diesem Zeitpunkt eine Neuregelung des Gesamtkomplexes zu treffen. Diese erfolgte im Gesetz zur Neuordnung der einkommensteuerlichen Behandlung von Altersbezügen (Alterseinkünftegesetz – AltEinkG)[2], das zum 01.01.2005 in Kraft trat.

Die dort getroffenen Regelungen sind im Einzelnen sehr kompliziert, teilweise nur schwer verständlich und in weiten Teilen auslegungsbedürftig, so dass umfangreiche Erläuterungen in Schreiben des Bundesministeriums für Finanzen (BMF – Schreiben) erforderlich wurden. Diese umfassen insgesamt mehrere hundert (!) Randnummern. Darüber hinaus wurde aber schon im Gesetzgebungsverfahren angezweifelt, ob es dem Gesetzgeber gelungen ist, durch das AltEinkG eine verfassungsgemäße Neuregelung zu treffen. Problematisch erschienen hier sowohl die Regelungen für den „Zielstatus“ nach Ablauf einer langen Übergangsphase, als auch die Regelungen zu eben dieser Übergangsphase selbst. Diese Fragen wurden aber mit Ausnahme der getroffenen Übergangsregelung bisher nicht weiter untersucht, sondern lediglich als Probleme aufgeworfen. Dabei gelangte man jedoch stets zu dem Ergebnis, dass der Streit um die Verfassungsmäßigkeit der Rentenbesteuerung weitergehen wird.

---

[1] BVerfGE 105, 73; Im Folgenden kurz „Rentenentscheidung“.
[2] BGBl. I 2004, 1427 vom 05.07.2004.

Die vorliegende Arbeit will daher nicht die in den BMF – Schreiben ausführlich diskutierten Anwendungs- bzw. Auslegungsprobleme des AltEinkG nochmals weiter beleuchten. Zentrales Thema soll vielmehr die Frage sein, ob es dem Gesetzgeber gelungen ist, eine verfassungsgemäße Neuregelung zu treffen. Zu diesem Zwecke werden die Regelungen des AltEinkG nur in ihrer Grundsystematik dargestellt, soweit dies zur Darstellung der verfassungsmäßigen Problemfelder erforderlich ist. Den Schwerpunkt der Arbeit bilden dann die verfassungsrechtlichen Zweifelsfragen zu den Regelungen im AltEinkG, die sowohl hinsichtlich des Zielstatus, als auch hinsichtlich der Übergangregelung umfassend dargestellt werden.

II. Historische Aspekte und Gesetzgebungsverfahren

Zu Beginn der Ausführungen wird die Entwicklung der Rentenbesteuerung in Deutschland im Überblick dargestellt. Diese war auch mehrfach Gegenstand von Entscheidungen des BVerfG, die ebenfalls erläutert werden. Anschließend wird noch kurz das Gesetzgebungsverfahren zum AltEinkG skizziert.

A. Historie der Rentenbesteuerung in Deutschland

Leibrenten unterlagen als wiederkehrende Bezüge seit dem Einkommensteuergesetz 1920 der Einkommensbesteuerung. In den Anfangsjahren der Bundesrepublik Deutschland erfolgte die Besteuerung noch nach den Regeln des Einkommensteuergesetzes vom 16. Oktober 1934[3]. Dieses sah zwar die Zuordnung von Pensionen und Leibrenten zu unterschiedlichen Einkunftsarten vor; diese wurden jedoch im Ergebnis steuerlich gleich behandelt. Pensionen wurden nach § 19 Abs. 1 Nr. 2 EStG 1934 ebenso der vollen Besteuerung unterworfen wie Leibrenten nach § 22 Nr. 1 lit. b) EStG 1934.

Eine Folge dieser Regelung war, dass bei der Veräußerung eines Wirtschaftsgutes gegen Zahlung einer Veräußerungsrente der Gegenwert des Grundstücks (die einzelnen Rentenzahlungen) voll der Einkommensbesteuerung unterlag, während er bei Zahlung des Kaufpreises in einer Summe oder auch in Raten einkommensteuerfrei blieb. Dieses unvertretbare Ergebnis konnte der Bundesfinanzhof (BFH) in seinem Urteil vom 18.09.1952[4] auch nur teilweise durch Auslegung des Begriffs der Kaufpreisrate vermeiden. Er regte deshalb an, die Rentenbesteuerung durch den Gesetzgeber neu zu regeln.

Infolge dieser Entscheidung wurde durch Art. 1 Nr. 25 des Gesetzes zur Neuordnung von Steuern vom 16. Dezember 1954[5] eine auf den Ertragsanteil beschränkte Besteuerung von Leibrenten eingeführt. Dabei ist der Gesetzgeber bewusst nicht den Weg gegangen, den in den Rentenzahlungen enthaltenen Zinsanteil jährlich neu zu berechnen. Dieser steigt nämlich mit dem Abschmelzen des Rentenrechts über die Jahre hinweg immer weiter an, was eine volle Besteuerung der Leibente im Alter und damit ungewollte soziale Härten mit sich gebracht hätte. Auch hätte eine derartige Regelung einen immensen Verwaltungsaufwand bedeutet. Man entschied sich vielmehr dafür, den Ertrag aus dem Stammrecht und damit die Besteuerung auf die gesamte Laufzeit der Rente

---

[3] RGBl. I 1934, 1005.
[4] BStBl. III 1952, 290.
[5] BGBl. I 1954, 373.

gleichmäßig zu verteilen[6]. Zu diesem Zweck errechnete man einen Kapitalwert der Rente auf der Grundlage eines festen Zinses und der damals gültigen Sterbetafel. Dieser Kapitalwert wurde gleichmäßig auf die einzelnen Jahre der voraussichtlichen Laufzeit verteilt und die Differenz zwischen diesem Wert und dem tatsächlichen Jahresbetrag der Rente als Ertragsanteil angesehen. Durch diese Berechnung ließ sich der für die gesamte Laufzeit der Rente gleich bleibende Ertragsanteil anhand eines Prozentsatzes ausdrücken, der vom Lebensalter des Berechtigten bei Beginn der Rente abhängig ist. Diese Lösung war bis zum Erlass des AltEinkG im Prinzip unverändert Bestandteil des EStG.

In den Geltungsbereich dieser Regelung wurden nach dem Willen des Gesetzgebers auch die Sozialversicherungsrenten einbezogen, deren Erwerb nach damaliger Ansicht als teilentgeltlich angesehen wurde[7]. Die Arbeitnehmerbeiträge zur gesetzlichen Rentenversicherung stellten Ausgaben für die Anschaffung eines Rentenstammrechts (Anwartschaftsrechts) auf privater Ebene dar (nicht steuerbare Vermögensumschichtung). Die Änderung des § 22 EStG hatte damit zur Folge, dass Altersrenten und die weiterhin nach § 19 EStG zu versteuernden Pensionen erstmals unterschiedlich besteuert wurden. Bei den Renten wirkte sich auch ein nicht durch Beiträge des Arbeitnehmers erworbenes Rentenrecht steuermindernd aus, während dies bei ähnlich entstandenen Anwartschaftsrechten der Beamten ausgeschlossen war[8].

Vor allem aufgrund dieser Problematik ist die Art der Besteuerung der Altersbezüge wiederholt Gegenstand von Reformdiskussionen gewesen[9], bei denen ein Fülle unterschiedlicher Lösungsmodelle entwickelt wurden[10]. Die wesentlichen Modelle werden im folgenden Abschnitt dargestellt. Vor Erlass des AltEinkG führten die Reformdiskussionen jedoch nicht zu einer grundlegenden Neuregelung der Rentenbesteuerung. Erreicht wurden lediglich die Einführung des Versorgungsfreibetrags[11] und dessen mehrfacher Erhöhung[12], die Einführung[13] und

---

[6] vgl. BT-Drucks. II/481, 87.
[7] vgl. ebenso BT-Drucks. II/481, 87.
[8] BVerfGE 54, 11 (16).
[9] vgl. Zusammenstellung der Kommissionen und ähnlicher Institutionen in BVerfGE 105, 73.
[10] vgl. BVerfGE 105, 73 und die Zusammenstellung in BVerfGE 54, 11 (16 ff.).
[11] Steueränderungsgesetz vom 14. Mai 1965, BGBl. I, 377.
[12] Einkommensteuerreformgesetz vom 5. August 1974, BGBl. I, 1769 und Zinsabschlagsgesetz vom 9. November 1992, BGBl. I, 1853.
[13] Einkommensteuerreformgesetz vom 5. August 1974, BGBl. I, 1769.

Erhöhung[14] des Altersentlastungsbetrages sowie die Anpassung der Ertragsanteile[15]. An dem Prinzip der Rentenbesteuerung änderte sich jedoch nichts.

B. Die Rentenbesteuerung in der Rechtsprechung des BVerfG

Die unterschiedliche Besteuerung von Renten und Pensionen war insgesamt dreimal Gegenstand von Entscheidungen des BVerfG. Gegenstand der Verfahren waren jeweils Verfassungsbeschwerden von pensionierten Beamten, die in der Regelung des § 19 Abs. 1 Nr. 2 EStG einen Verstoß gegen den allgemeinen Gleichheitssatz nach Art. 3 Abs. 1 GG sahen.

1. Beschluss vom 26. März 1980

Im Beschluss vom 26. März 1980[16] entschied das Gericht zunächst, dass es sachlich vertretbare Gründe für die unterschiedliche Besteuerung von Renten und Pensionen gäbe. Die Rechtfertigung ergibt sich aus der Erwägung, dass die Bezieher der gesetzlichen Renten Beiträge in Höhe des Arbeitnehmerbeitrages für die Altersversorgung aus ihrem versteuertem Einkommen entrichtet haben, Pensionäre aber nicht. Daran ändert auch der eventuell geltend gemachte Sonderausgabenabzug für die Arbeitnehmerbeiträge nichts, denn die Möglichkeit des Sonderausgabenabzugs steht Beamten in gleicher Weise offen.

Allerdings führte das Gericht danach aus, dass die steuerliche Begünstigung von Rentnern gegenüber pensionierten Beamten ein Ausmaß erreicht habe, das eine Korrektur erforderlich mache. Aufgrund des geringen Rentenniveaus im Jahr der Einführung der Ertragsanteilsbesteuerung habe sich die steuerliche Begünstigung der Rentner gegenüber den Pensionären zu dieser Zeit noch nicht überproportional ausgewirkt. Dies habe sich aber im Laufe der Zeit durch die Rentensteigerungen geändert, da inzwischen ohne die Ertragsanteilsbesteuerung in vermehrtem Umfang Einkommensteuer auf Renten zu entrichten wäre. Daher müsse der Gesetzgeber eine Neuregelung in Angriff nehmen.

Dies führte jedoch noch nicht zur Verfassungswidrigkeit der Gesamtregelung für die streitigen Veranlagungszeiträume 1969 und 1970 und deren Folgezeit, da dem Gesetzgeber für die Beseitigung bestehender Ungleichbehandlungen Fristen zur Verfügung stünden. Der Gesetzgeber sei lediglich verpflichtet, mit ihm

---

[14] Steuerreformgesetz vom 25. Juli 1998, BGBl. I, 1093.
[15] Gesetz zur Umsetzung des Föderalen Konsolidierungsprogramms vom 23. Juni 1993, BGBl. I, 944.
[16] BVerfGE 54, 11.

geeignet erscheinenden Mitteln die eingetretenen Verzerrungen zu beseitigen. Eine konkrete Frist zur Neuregelung setzte das Gericht hier (noch) nicht.

2. Beschluss vom 24. Juni 1992

Im Beschluss vom 24.Juni 1992[17] führt das Gericht aus, dass die dem Gesetzgeber durch den o.g. Beschluss eingeräumte Frist für die Neuregelung noch nicht abgelaufen sei. Das Gericht habe ganz bewusst keine konkrete Frist gesetzt und die Regelung auch nicht für verfassungswidrig oder als nur für eine bestimmte Zeit hinnehmbar bezeichnet. Dies führe dazu, dass dem Gesetzgeber eine sehr lange Zeitspanne zur Verfügung stehe, die noch nicht abgelaufen sei. Die vom Gesetzgeber ergriffenen Maßnahmen, die noch nicht zum Ziel geführt hätten, seien ausreichend, da eine derart komplexe Neuregelung eine mehrjährige parlamentarische Arbeit erfordere. Eine konkrete Frist wurde auch in diesem Beschluss nicht benannt.

3. Urteil vom 06. März 2002

Mit seinem Urteil vom 6. März 2002[18] hat das Gericht dann entschiedenen, dass die unterschiedliche Besteuerung von gesetzlichen Renten und Pensionen gegen den Gleichheitssatz des Art. 3 Abs. 1 GG verstößt. Das Gericht stellte zunächst die unterschiedliche steuerliche Behandlung von gesetzlichen Renten und Beamtenpensionen anhand von Berechnungsbeispielen dar und führte dann aus, dass für eine ungleiche Behandlung in diesem Umfang keine Rechtfertigungsgründe gegeben seien. Der Gesetzgeber habe den ihm in der Entscheidung vom 26. März 1980 erteilten Auftrag nicht erfüllt.

Anders als in den vorherigen Entscheidungen stellte das Gericht aber ausdrücklich die Verfassungswidrigkeit der Regelungen fest und setzte dem Gesetzgeber ein konkrete Frist bis zum 01.01.2005, nach deren Ablauf die bisherigen Regelungen nicht mehr anwendbar sind. Es räumte dem Gesetzgeber einen weiten Entscheidungsspielraum ein, um eine den verfassungsrechtlichen Anforderungen genügende Neuregelung zu schaffen. Der Gesetzgeber müsse sich für eine der seit langem aufbereiteten Reformalternativen entscheiden und diese folgerichtig umsetzen. Sowohl für diese weichenstellende Grundentscheidung als auch für die erforderliche Übergangsregelung sei der Gestaltungsspielraum aber nicht unbegrenzt. In jedem Fall seien die Besteuerung von Vorsorgeaufwendun-

---

[17] BVerfGE 86, 369.
[18] BVerfGE 105, 73.

gen und von daraus resultierenden Bezügen so aufeinander abzustimmen, dass eine doppelte Besteuerung vermieden werde.

C. Gesetzgebungsverfahren

Das Urteil des Bundesverfassungsgerichts veranlasste den Bundesminister der Finanzen dazu, eine „Sachverständigenkommission zur Neuordnung der steuerrechtlichen Behandlung von Altersvorsorgeaufwendungen und Altersbezügen" unter dem Vorsitz von Bert Rürup einzurichten[19]. Diese Kommission sollte einen Lösungsvorschlag entwickeln, der zu einer systematisch schlüssigen und folgerichtigen Behandlung von Altersvorsorgeaufwendungen und Altersbezügen führt, der in die Konsolidierungspolitik eingebettet sowie gesamtwirtschaftlich und sozial tragfähig ist und unter Nutzung von generalisierenden, typisierenden und pauschalierenden Regelungen sowohl der wirtschaftlichen Leistungsfähigkeit der Steuerpflichtigen, wie den Notwendigkeiten einfacher und praktikabler Handhabung Rechnung trägt[20].

Die Vorschläge der Kommission wurden in ganz wesentlichen Teilen in textgleiche Gesetzesentwürfe der Koalitionsfraktionen[21] und der Bundesregierung[22] übernommen. Auf die Abweichungen, die auch Eingang in die endgültige Gesetzesfassung gefunden haben, wird später näher einzugehen sein.

Die Gesetzesentwürfe wurden in verschiedenen Ausschüssen des Bundestages unter Federführung des Finanzausschusses beraten und waren dort auch Gegenstand einer öffentlichen Anhörung. Letztlich wurden die Entwürfe dort gegen die Stimmen der Oppositionsfraktionen angenommen[23] und das Gesetz zur Neuordnung der einkommensteuerlichen Behandlung von Altersbezügen (Alterseinkünftegesetz – AltEinkG) vom Bundestag am 29. April 2004 in zweiter und dritter Lesung verabschiedet.

In seiner Sitzung vom 14. Mai 2004 hat der Bundesrat jedoch seine Zustimmung zu dem Gesetz verweigert und unter Bezugnahme auf verschiedene Punkte den Vermittlungsausschuss angerufen[24]. Die dort erarbeitete Beschlussempfehlung haben der Bundestag in seiner Sitzung vom 28. Mai 2004 und der Bundesrat in

---

[19] Im Folgenden kurz: Rürup – Kommission.
[20] Rürup – Kommission, 1.
[21] BT-Drucks. 15/2150.
[22] BT-Drucks. 15/2563.
[23] BT-Drucks. 15/3004 (Bericht) und 15/2986 (Beschlussempfehlung).
[24] BT-Drucks. 15/3160.

seiner Sitzung vom 11. Juni 2004 angenommen, so dass das Alterseinkünftegesetz von den zuständigen Verfassungsorganen beschlossen war und zum 01.01.2005 in Kraft trat.

III. Grundprinzipien

Bevor auf die Regelungen des AltEinkG im Einzelnen eingegangen wird, sollen zunächst die im Gesetz umgesetzten Grundprinzipien zur Rentenbesteuerung dargestellt und einer Würdigung unterzogen werden. Bei dem Prinzip der nachgelagerten (vollen) Besteuerung und der Entscheidung für den Sonderausgabenabzug handelt es sich um Fragen, die schon in unterschiedlichem Umfang Gegenstand der langwierigen Reformdiskussion waren. Das „Drei-Schichten-Modell" wurde allerdings erst durch die Rürup - Kommission neu entwickelt.

A. Nachgelagerte Besteuerung

Das BVerfG hat in der Rentenentscheidung[25] ausgeführt, dass die Besteuerung der Altersbezüge schon über mehrere Jahrzehnte nachhaltig Gegenstand von Reformdebatten war, bei denen eine Vielzahl von Lösungsmodellen entwickelt wurden. Es zählt eine Reihe von Beiräten, Kommissionen und ähnlichen Institutionen auf, die zumeist eigene Regelungsvorschläge und Reformentwürfe entwickelt haben[26]. Das Gericht diskutiert diese Modelle – in seiner Position völlig zu Recht – nicht, sondern lässt dem Gesetzgeber die Möglichkeit einer freien Entscheidung.

Die Rürup – Kommission hat sich bei ihrem Vorschlag für die volle nachgelagerte Besteuerung der Alterseinkünfte entschieden, ohne auf andere Lösungsmöglichkeiten weiter einzugehen. Die nachgelagerte Besteuerung ist nach ihrer Auffassung realistischerweise die einzige Möglichkeit, die vom BVerfG aufgestellten Anforderungen zu erfüllen[27]. Es erscheint aber dennoch angebracht, zumindest die wesentlichen Alternativvorschläge in den Grundzügen darzustellen und zu diskutieren.

1. Ertragsanteilsbesteuerung

Die Systematik der Ertragsanteilsbesteuerung wurde bereits oben[28] bei der Darstellung der historischen Entwicklung der Rentenbesteuerung erläutert. Vor allem in den ersten Jahren der Reformdiskussionen wurde noch mehrfach für die Beibehaltung der Ertragsanteilsbesteuerung plädiert[29]. Dem lag die Überlegung zu Grunde, die auch schon zur Einführung dieser Art der Besteuerung geführt

---

[25] BVerfGE 105,73.
[26] BVerfGE 105, 73 (82 ff.).
[27] Rürup-Kommission, 18.
[28] siehe Teil II. A.
[29] Einkommensteuerkommission 1958, 219; Steuerreformkommission 1971, 148.

hatte. Der Rentenempfänger hätte sich durch seine eigenen Beitragszahlungen im Erwerbsleben ein Anwartschaftsrecht auf die Rente im Wege der Vermögensumschichtung erworben. Die Auszahlung der Rente bestehe zumindest zum Teil in der Auszahlung dieses angesparten Guthabens und es entspreche den allgemeinen Prinzipien im Steuerrecht, dass die Umschichtung von Vermögen nicht der Einkommensteuer zu unterwerfen sei.

Dem wurde jedoch zu Recht entgegengehalten, dass die gesetzliche Rentenversicherung nicht auf einem kapitalmäßig fundierten Finanzierungsverfahren basiert, bei dem die Rente aus einer vorangegangenen Vermögensansammlung finanziert wird[30]. Renten werden über Umlagen finanziert und beruhen zu einem wesentlichen Teil auf Umverteilungskomponenten, so dass nicht von einer Auszahlung von eigenem Kapital ausgegangen werden kann[31]. Da die Ertragsanteile dies nicht berücksichtigen, sondern nur pauschaliert den in der Rente enthaltenen Zinsertrag besteuern, erfolgt in einem nicht unerheblichen Umfang ein Zufluss von gänzlich unversteuertem Einkommen. Auch eine schlichte Erhöhung der Ertragsanteile würde keine befriedigende, systematische Lösung des Komplexes bewirken, sondern bestehende Verzerrungen weiter erhalten oder zuweilen noch verstärken[32].

Aus diesen Gründen wäre eine verfassungsrechtlich haltbare Lösung über eine reine Ertragsanteilsbesteuerung praktisch unmöglich gewesen. Die Weiterführung der Ertragsanteilsbesteuerung in der bisherigen Form ist nun auch nach der letzten Entscheidung des BVerfG und der dort dargestellten strukturellen Ungleichbehandlung nicht mehr durchführbar. Dem ebenfalls denkbaren Ansatz, die Ertragsanteilsbesteuerung auf die Besteuerung der Beamtenpensionen zu übertragen, hat das BVerfG schon in seiner Entscheidung vom 27.03.1980 eine Absage erteilt, da dies zwar einerseits die Ungleichbehandlung von Rentnern und Pensionären beseitigen würde. Andererseits würden aber neue Benachteiligungen anderer Bezieher von Alterseinkünften geschaffen, wie beispielsweise gegenüber im Ruhestand lebender Gewerbetreibender oder Feiberufler mit Einkünften aus Kapitalvermögen oder Vermietung und Verpachtung[33]. Im Ergebnis ist daher in der Tat die Durchführung der Besteuerung von Alterseinkünften über eine Systematik der Ertragsanteilsbesteuerung nicht möglich.

---

[30] Sozialbeirat 1981, 53.
[31] vgl. Wissenschaftlicher Beirat beim BMF 1986, 25.
[32] Sachverständigenkommission Alterssicherungssysteme 1983, 477.
[33] BVerfGE 54, 11 (38).

2. Teilbesteuerung

Wie bereits ausgeführt, bestand der entscheidende Einwand gegen die Ertragsanteilsbesteuerung darin, dass sie unberücksichtigt lässt, dass der Erwerb des Rentenstammrechts zu einem nicht unerheblichen Teil auf Leistungen Dritter beruht, die der Rentenberechtigte nie versteuert hat. Um dem zu begegnen, wurde das Modell der Teilbesteuerung (auch modifizierte Ertragsanteilsbesteuerung genannt) entwickelt, das der Ertragsanteilsbesteuerung strukturell stark ähnelt[34].

Der wesentliche Unterschied zur herkömmlichen Ertragsanteilsbesteuerung besteht darin, dass vom Grundprinzip her jede Rentenzahlung in drei Teile aufgeteilt wird: den Tilgungsanteil, den Ertragsanteil und den Umverteilungsanteil. Der Ertragsanteil stellt dabei wie beim bisherigen Verfahren den Anteil dar, der sich aus der Verzinsung des über Jahre angesparten Altersvermögens ergibt. Der Tilgungsanteil resultiert aus der Auflösung des mit eigenen Beiträgen angesparten gebildeten „Altersvermögens". Der Umverteilungsanteil repräsentiert den Teil der Alterseinkünfte, der aus den Leistungen Dritter zur Altersversorgung des Berechtigten stammt (z.B. Arbeitgeberbeiträge, Bundeszuschuss zur gesetzlichen Rentenversicherung).

Aus der Herkunft der entsprechenden Anteile ergibt sich auch deren steuerliche Behandlung. Der Tilgungsanteil stammt aus eigenen Beiträgen und ist demzufolge steuerfrei zu belassen. Ertrags- und Umverteilungsanteil sind bei Zufluss der Rente in voller Höhe der Besteuerung zu unterwerfen. Dabei spielt es keine Rolle, wie die Beiträge steuerlich behandelt wurden, ob sie also bereits der Besteuerung unterlegen haben oder nicht.

Der steuerfreie Tilgungsanteil ist dabei je nach der Herkunft der Rente unterschiedlich hoch. Während Renten aus privaten Verträgen keinen Umverteilungsanteil enthalten, ist er bei gesetzlichen Renten (ohne Berücksichtigung des Bundeszuschusses) durch die geleisteten Arbeitgeberbeiträge genauso hoch wie der Tilgungsanteil. Einen Sonderfall bilden außerdem die berufsständischen Versorgungswerke. Hier können die Renten einen Umverteilungsanteil enthalten, wenn ein früher angestellter Freiberufler sie bezieht, für den Arbeitgeberanteile geleistet wurden. Fließt die Rente allerdings einem früher selbstständig Tätigen zu, enthält sie keinen Umverteilungsanteil. Dem sollte im Modell der Teilbesteuerung dadurch Rechnung getragen werden, dass unterschiedliche Ertrags-

---

34 Darstellung des Systems in Sachverständigenkommission Alterssicherungssysteme 1983, 474 ff.; Sozialbeirat 1981, 55.

anteile je nach Höhe des steuerfreien Tilgungsanteils angesetzt werden. Dabei wurden die beiden steuerpflichtigen Anteile Umverteilungs- und Ertragsanteil unter den modifizierten Ertragsanteilen zusammengefasst. Je höher demnach der Tilgungsanteil war, desto niedriger wurde der Ertragsanteil und umgekehrt. Für die konkrete Berechnung der Verteilungsquote wurden unterschiedliche Methoden diskutiert, die hier aber nicht weiter dargestellt werden müssen, da sie an der Beurteilung der prinzipiellen Konzeption nichts ändern.

Wie sich aus dieser Darstellung ergibt, steht und fällt das System der Teilbesteuerung mit der Realitätsnähe der Bestimmung der steuerfreien Tilgungsanteile[35]. Dessen Bestimmung ist jedoch mit erheblichen Schwierigkeiten verbunden, die sich auch durch weit reichende Pauschalierungen nicht beseitigen lassen. Dies wird deutlich, wenn man auf einige Sachverhalte hinweist, die in diesem Zusammenhang Probleme aufwerfen. Es müssten die Bundeszuschüsse, die über die Jahre der Beitragszahlungen differieren, mit einkalkuliert werden. Außerdem werden bestimmten Rentenbeziehern beitragsfreie Zeiten angerechnet (z.B. Erziehungszeiten). Wollte man dies zutreffend berücksichtigen, wäre eine Summierung der tatsächlichen Beitragszahlungen erforderlich, die aber praktisch unmöglich durchführbar ist.

Weiterhin spricht gegen die Teilbesteuerung, dass der steuerfreie Tilgungsanteil wirtschaftlich gesehen die Wirkung eines proportionalen Freibetrages entwickelt. Die steuerliche Entlastung durch den Tilgungsanteil steigt aufgrund der Progression nämlich mit wachsendem Alterseinkommen[36]. Ganz wesentliche Bedenken gegen die Teilbesteuerung ergeben sich auch aus zwei systematischen Erwägungen[37]. Die Höhe des Tilgungs- und Ertragsanteils danach zu bestimmen, wie hoch der Eigenanteil des Steuerpflichtigen an den Vorsorgeaufwendungen war, ist steuersystematisch nicht vertretbar. Dies würde nämlich auch dazu führen, dass Beiträge aus versteuertem Einkommen für die Altersversorgung eines Dritten bei dessen Auflösung erneut besteuert würden. Im Übrigen würden aus der rein historisch bedingten paritätischen Zahlung der Sozialversicherungsbeiträge materiell nicht gerechtfertigte Schlussfolgerungen gezogen.

---

[35] Sachverständigenkommission Alterssicherungssysteme 1983, 478.
[36] Ifo-Institut, S. 141.
[37] Sachverständigenkommission Alterssicherungssysteme 1983, 481.

Im Ergebnis ist festzustellen, dass durch das Prinzip der Teilbesteuerung eine verfassungsgemäße und steuersystematisch zutreffende Besteuerung der Alterseinkünfte nicht zu erreichen ist.

3. Vollbesteuerung

Bei den unterschiedlichen Modellen der Vollbesteuerung steht die Überlegung im Vordergrund, dass das Einkommen einmal, aber auch nur einmal zu besteuern ist[38]. Damit wird die Betrachtung nicht nur auf die steuerliche Behandlung der Rentenzahlungen beschränkt, sondern es wird eine Gesamtbetrachtung der Steuerbelastung der Beiträge und der späteren Rentenzahlungen angestellt[39]. Dabei lassen sich zwei grundsätzliche Wege unterscheiden, dem so definierten Ziel gerecht zu werden. Es besteht zum einen die Möglichkeit, die Beiträge zur Altersversorgung voll zu besteuern und dann konsequent die Alterseinkünfte steuerfrei zu belassen (sog. vorgelagertes Verfahren). Zum zweiten kann man aber auch die Beiträge insgesamt von der Besteuerung freistellen und dafür die Einkünfte in der Auszahlungsphase voll besteuern (sog. nachgelagerte Besteuerung).

a) Vorgelagerte Besteuerung

Gegen die vorgelagerte Besteuerung sprechen jedoch einige entscheidende Gründe. Vorgelagerte Besteuerung bedeutet auch, dass die Beiträge zur gesetzlichen Rentenversicherung der Besteuerung unterworfen werden, obwohl der Steuerpflichtige über diese Zwangsabgaben nicht verfügen kann[40]. Es ist steuersystematisch kaum zu vertreten, Beiträge, die das verfügbare Einkommen definitiv kürzen, auch noch zusätzlich mit Steuer zu belegen. Dies wäre damit vergleichbar, Steuer auf Steuer zu erheben. Außerdem wird die vorgelagerte Besteuerung dem Korrespondenzprinzip nicht in vollem Umfang gerecht, da weder die Verzinsung der Beiträge noch etwaige Zuschüsse zu den Alterssicherungssystemen (z.B. Bundeszuschuss) erfasst werden[41]. Hinzu kommt, dass durch eine solche Vorgehensweise die Aktiveneinkommen noch zusätzlich wesentlich stärker belastet werden würden. Dadurch würde die Leistungsbereitschaft der Aktiven zusätzlich negativ tangiert[42]. Im Übrigen würde dadurch die Schere zwischen der steuerlichen Belastung der Aktiveneinkommen und den Altersein-

[38] Dieser, als Korrespondenzprinzip bezeichnete Grundsatz wird später noch ausführlich diskutiert.
[39] Ifo – Institut, 133.
[40] Finanzwissenschaftlicher Beirat 1971, 22.
[41] Sachverständigenkommission Alterssicherungssysteme 1983, 472.
[42] Ifo – Institut, 136.

künften weiter auseinander gehen, was mit dem Prinzip der Besteuerung nach der Leistungsfähigkeit nur schwer in Einklang zu bringen wäre[43].

b) Nachgelagerte Besteuerung

Aus den soeben diskutierten Gründen wurde schon sehr früh in der Reformdiskussion eine Lösung über die volle nachgelagerte Besteuerung vorgeschlagen[44]. Dieses Verfahren stellt im Ergebnis auch die einzige Möglichkeit dar, die Besteuerung der Alterseinkünfte in einem in sich geschlossenen System zu regeln, bei dem einerseits eine doppelte Besteuerung vermieden, andererseits aber die einmalige Besteuerung sichergestellt wird. Hinsichtlich der Versorgungsbezüge ergibt sich dies schon aus der bisherigen gesetzlichen Regelung, denn diese stellt bereits eine nachgelagerte Besteuerung bei Zufluss der Bezüge dar. Das ist auch gerechtfertigt, da sich die Zahlungen noch als Folge des früheren (aktiven) Dienstverhältnisses darstellen.

Auch hinsichtlich der gesetzlichen Renten führt die volle nachgelagerte Besteuerung zu gerechten, steuersystematisch zutreffenden Ergebnissen. In der Gesamtschau von Finanzierungs- und Auszahlungsphase wird vor allem sichergestellt, dass alle Einkommensteile einmal, aber auch nur einmal besteuert werden. Um dies zu begründen, ist zunächst genau zu differenzieren, aus welchen Bestandteilen sich gesetzliche Renten zusammensetzen. Sie generieren sich aus eigenen Leistungen (Arbeitnehmeranteil), Leistungen des Arbeitgebers (Arbeitgeberanteil), Zinsanteilen und Zuschüssen Dritter (Bundeszuschuss).

Bezüglich des Arbeitnehmeranteils liegt dem Grunde nach im Zeitpunkt des Zuflusses Arbeitslohn vor (vgl. § 2 Abs. 2 Nr. 2 Satz 2 LStDV). Nimmt man diesen – in welcher Form der gesetzlichen Ausgestaltung auch immer – von der Besteuerung aus, so ist es folgerichtig, den hierauf beruhenden Teil der Rente bei Zufluss zu besteuern. Gleiches gilt im Ergebnis auch für die Arbeitgeberanteile, denn auch diese stellen Arbeitslohn dar, der jedoch nach § 3 Nr. 62 EStG steuerfrei gestellt wird. Diesbezüglich wurde zwar in der Literatur eine abweichende Auffassung vertreten, was dazu führte, dass § 3 Nr. 62 EStG als lediglich deklaratorische Vorschrift angesehen wurde[45]. Dem ist das BVerfG allerdings mit einer überzeugenden Argumentation entgegengetreten, wonach auch dieser Beitrag eine Gegenleistung für die Dienste des Arbeitnehmers darstellt und ihm

---

[43] Das Prinzip der Besteuerung nach der Leistungsfähigkeit wird später ausführlich erläutert.

[44] Wissenschaftlicher Beirat 1967, 22; Finanzwissenschaftlicher Beirat 1971, 22.

[45] HHR/Bergemper, § 3 Nr. 62 Anm. 3; Schmidt/Heinicke, § 3 „Zukunftssicherungsleistungen" jeweils m.w.N.

damit ebenso wie sein eigener Anteil nach § 11 EStG zufließt, auch wenn er nicht darüber verfügen kann[46]. Der in den Renten enthaltene Zinsanteil stellt im Zeitpunkt der Zuflusses der Rente seiner Rechtsnatur nach eine Einnahme aus Kapitalvermögen dar, die der Besteuerung zu unterwerfen ist. Dies war schon der Grund für die Ertragsanteilsbesteuerung und dürfte im Ergebnis unstreitig sein. Nicht unumstritten ist dagegen die Frage, ob auch die Rentenzahlungen, soweit sie auf dem Bundeszuschuss zur Rentenversicherung beruhen, der Besteuerung zu unterwerfen sind. Das BVerfG stellt ohne Begründung fest, dass es sich hierbei auch um einkommensteuerbares Einkommen handelt[47]. Dem könnte aber entgegengehalten werden, dass praktisch alle übrigen staatlichen Transferleistungen nicht steuerbar sind, sondern lediglich dem Progressionsvorbehalt nach § 32b Abs. 1 EStG unterliegen. Im Gegensatz zu anderen Transferleistungen wird der Bundeszuschuss zur Rentenversicherung aber für Tätigkeiten im Rahmen eines aktiven Dienstverhältnisses geleistet, in dem die geschuldeten Leistungen auch tatsächlich erbracht werden. Dadurch besteht ein sehr enger Zusammenhang zu dem Dienstverhältnis, in dem der Bundeszuschuss letztlich wurzelt. Im Einkommensteuerrecht werden überdies auch Lohnzahlungen Dritter erfasst (vgl. ausdrücklich für die Lohnsteuer § 38 Abs. 1 Satz 3 EStG), so dass es insgesamt gerechtfertigt ist, den auf dem Bundeszuschuss beruhenden Teil der Renten ebenfalls der Besteuerung zu unterwerfen[48].

Hinzu kommt, dass dieses Verfahren eine extreme Vereinfachung der Besteuerung bedeutet, denn eine Unterscheidung in steuerfreie und steuerpflichtige Anteile entfällt sowohl bei den Beiträgen als auch beim späteren Zufluss der Alterseinkünfte. Nicht zuletzt ist auch in Betracht zu ziehen, dass in nahezu allen europäischen Nachbarländern das nachgelagerte Besteuerungskonzept praktiziert wird[49] und dass sich hierbei keine europarechtlichen Diskriminierungsprobleme ergeben[50].

Im Verlauf der Reformdiskussionen wurde auch praktisch ausschließlich eine Lösung über die nachgelagerte Besteuerung vorgeschlagen[51]. Dem hat sich auch

---

46 BVerfGE 105, 73 (124 f.).
47 BVerfGE 105, 73 (131).
48 ebenso: Giloy, DStZ 1995, 289.
49 Förster, FS Rößler, 329 (334); Marx, StuB 04, 717 (719).
50 Rürup- Kommission, S. 69 ff.
51 Sachverständigenkommission Alterssicherungssysteme 1983, 490; Wissenschaftlicher Beirat beim BMF 1986, 39 ff; Einkommensteuer Kommission 1994, 8; Arbeitsgruppe Steuerreform 1996, 205; Ifo – Institut, 143.

die Rürup – Kommission und ihr folgend im Prinzip auch der Gesetzgeber angeschlossen. Diese grundsätzliche Entscheidung ist aus den dargelegten Gründen zu begrüßen. Die durch den Gesetzgeber erfolgte Regelung im Einzelnen wird später noch ausführlich betrachtet werden – vor allem im Hinblick auf ihre verfassungsrechtliche Zulässigkeit.

B. Sonderausgabenabzug

Im Zusammenhang mit der Besteuerung von Renten ergibt sich das Problem, wie die Beiträge zur Altersversorgung steuersystematisch einzuordnen sind. In Betracht kommt die Einordnung als Werbungskosten oder als Sonderausgaben. Nach der allgemeinen Definition des § 9 Abs. 1 Satz 1 EStG sind Werbungskosten Aufwendungen zur Erwerbung, Sicherung und Erhaltung der Einnahmen, wobei nach nahezu einhelliger Auffassung das Veranlassungsprinzip gilt. Danach sind Werbungskosten alle Aufwendungen, die durch die Erzielung von steuerpflichtigen Einnahmen veranlasst sind[52]. Sie können auch schon anfallen, bevor die mit ihnen zusammenhängenden Einnahmen zufließen (sog. vorweggenommene Werbungskosten)[53]. Voraussetzung für die steuerliche Berücksichtigung dieser Kosten ist ein ausreichend bestimmter wirtschaftlicher Zusammenhang mit den später zufließenden, einkommensteuerlich relevanten Einnahmen. Demgegenüber sind Sonderausgaben ihrer Natur nach private Ausgaben, die nicht in einem wirtschaftlichen Zusammenhang mit einer der sieben Einkunftsarten stehen und daher weder Werbungskosten noch Betriebsausgaben darstellen dürfen[54].

Bei der bisher für Renteneinkünfte durchgeführten Ertragsanteilsbesteuerung wurden die hierfür in der Erwerbsphase anfallenden Beiträge – vor allem die Beiträge zur gesetzlichen Rentenversicherung – als Sonderausgaben berücksichtigt, § 10 Abs.1 Nr. 2 EStG a.F. Daran hat der Gesetzgeber auch bei der Neuregelung durch das AltEinkG festgehalten[55], § 10 Abs.1 Nr. 2 EStG n.F. Demzufolge ist zunächst zu untersuchen, ob die frühere Einordnung steuersystematisch zutreffend war. Im nächsten Schritt ist zu beleuchten, ob sich daran durch den Übergang zur nachgelagerten Besteuerung etwas geändert hat.

[52] z. B. Schmidt/Drenseck, § 9 RN 7 m.w.N.
[53] HHR/Prinz § 9 RN 162.
[54] Schmidt/Heinicke, § 10 RN 1.
[55] zu den Einzelheiten des Sonderausgabenabzugs nach dem AltEinkG vgl. unten IV. A.

1. Bisherige Rechtslage

Schon unter der bis zum 31.12.2004 gültigen Rechtlage war die Frage der steuersystematischen Einordnung der Rentenversicherungsbeiträge mehrfach Gegenstand höchstrichterlicher Entscheidungen. Steuerpflichtige hatten den Abzug der Aufwendungen als Werbungskosten geltend gemacht, da sie sich aufgrund der geltenden Höchstbeträge im Sonderausgabenbereich steuerlich nicht auswirkten. Nach ständiger Rechtsprechung des BFH waren die Beiträge zur Rentenversicherung jedoch nicht als Werbungskosten anzusehen[56]. Diese Auffassung beruhte auf dem Leitbild, das der gesetzlichen Regelung zugrunde lag. Wie oben dargelegt, war der Gesetzgeber bei der Einführung der Ertragsanteilsbesteuerung davon ausgegangen, dass sich Leibrenten aus einem Kapital- und einem Zinsanteil zusammensetzen. Besteuert wurde aber nur der in den Rentenzahlungen enthaltene Zinsanteil. Die geleisteten Rentenbeiträge führten aber gerade zum Entstehen bzw. Anwachsen des Rentenanwartschaftsrechts. Damit konnte der Erwerb der Anwartschaft ebenso wenig zu Werbungskosten führen, wie die in den Rentenbezügen enthaltenen Kapitalrückzahlungen keine steuerpflichtigen Einnahmen darstellten[57]. Die Beiträge zur gesetzlichen Rentenversicherung unterschieden sich nach Ansicht des BFH nicht von anderen Aufwendungen zum Erwerb einer Kapitalanlage, so dass ebenso wie bei jeder anderen Kapitalanlage eine Berücksichtigung als Werbungskosten hier ausschied. Die steuerliche Abzugsfähigkeit der Beiträge stellte daher eine echte steuerliche Vergünstigung dar, die systematisch bei den Sonderausgaben einzuordnen war.

Hieran wurde in der steuerlichen Literatur teilweise Kritik geäußert. Seit der Umstellung der gesetzlichen Rentenversicherung auf ein reines Umlageverfahren finanzierte der Beitragszahler mit seinen Zahlungen die Renten der aktiven Rentenempfänger. Die Beiträge stellten daher weder rechtlich noch wirtschaftlich Leistungen zum Ansparen eines Kapitals dar. Es wurde nichts angespart, was später zurückgezahlt wurde[58]. Die Beiträge wurden wirtschaftlich betrachtet aufgebracht, um später Rentenzahlungen zu erhalten. Der Vermögenszusammenhang als Auslöser der Beitragszahlungen trat in den Hintergrund[59]. Die einkommensteuerliche Beurteilung muss daher unabhängig davon erfolgen, dass die Zahlungen rentenrechtlich zu einem dem verfassungsrechtlichen Eigentums-

---

[56] vgl. z.B. BFH vom 29.07.1986, BStBl. 1986 II, 747 und vom 17.06.2003, BFH/NV 2003, 1325, jeweils m.w.N.

[57] vgl. BT-Drucks. II/481.

[58] Söhn/Müller-Franken, StuW 2000, 442; a.A. Birk/Wernsmann, DB 99, 166.

[59] HHR/Prinz, §9 EStG RN 335; Schmidt/Drenseck, § 9 RN 38; KSM/Söhn, § 10 RN E 214.

schutz unterliegenden Versorgungsanspruch führen. Daher stellten die Zahlungen nach dieser Auffassung Werbungskosten dar. Dennoch war die Zuordnung der Aufwendungen zu den Sonderausgaben im Wege einer gesetzlichen Fiktion nicht zu beanstanden. Es muss nämlich zwischen der steuersystematischen Einordnung und der gesetzlichen Behandlung der Kosten unterschieden werden. Wenn die Zuordnung zu den Sonderausgaben auch steuersystematisch verfehlt war, stand es dem Gesetzgeber aber dennoch zu, die Ausgaben im Wege eines konstitutiven Akts den Privatausgaben zuzuordnen. Eine solche Zuordnung hält sich im Rahmen der Gestaltungsfreiheit des Gesetzgebers[60].

Die vorgebrachte Kritik hinsichtlich der wirtschaftlichen Bedeutung und steuersystematischen Einordnung der Beitragszahlungen ist aus den dargelegten Gründen überzeugend. Die Beiträge stellen ihrer Rechtsnatur nach eindeutig Werbungskosten dar. Dafür spricht neben den bereits dargelegten Gründen auch die Tatsache, dass im Steuerrecht die wirtschaftliche Betrachtungsweise Vorrang genießt und wirtschaftlich eindeutig nicht vom Ansparen eines Anwartschaftsrechts gesprochen werden kann. Damit beinhaltete die Einordnung der Aufwendungen als Sonderausgaben eine echte gesetzliche Fiktion. Das ändert jedoch nichts daran, dass die Rechtsprechung des BFH nach dem Grundkonzept der Ertragsanteilsbesteuerung zutreffend war. Innerhalb dieser Systematik war es folgerichtig und aufgrund der Gesetzeslage auch zwingend, die Beiträge als Sonderausgaben anzusehen. Daran ändert auch die Tatsache nichts, dass die ihr zugrunde liegenden Annahmen mit den tatsächlichen Gegebenheiten nichts mehr zu tun hatten. Wenn die Grundprinzipien, die zu einer gesetzlichen Regelung führen, mit der Wirklichkeit nicht übereinstimmen, kann dies nur dazu führen, dass das gesamte System umzustellen ist. Es ist aber nicht möglich, nur einzelne Elemente umzudeuten und in den übrigen Teilen das System beizubehalten.

2. Neue Rechtslage

Für die ab dem 01.01.2005 durch das AltEinkG geschaffene Rechtslage ist gerade im Zusammenhang mit der hier diskutierten Streitfrage die aktuelle Rechtsprechung des BVerfG in der Rentenentscheidung zu beachten[61]. Das Gericht stellt dort ausdrücklich fest, dass die rentenrechtlichen Anwartschaften erst mit Abschluss der Erwerbsphase zu einer geldwerten Rechtsposition erstarken. Bis dorthin ist der Anspruch insbesondere durch das Erleben des Eintrittsalters be-

---

[60] KSM – Söhn, § 10 RN E 214; Söhn/Müller-Franken, StuW 2000, 442.
[61] BVerfGE 105, 73.

dingt. Ein steuerlich relevantes Recht erwirbt der Versicherte bis zu diesem Zeitpunkt daher nicht. Er erhält lediglich eine staatlich garantierte Zusage, dass er nach Erreichen einer bestimmten Altersgrenze von den Erwerbstätigen eine Altersrente aus dem Versorgungssystem erhält[62]. Das bisherige gesetzliche Leitbild des Ansparens von Anwartschaftsrechten auf der Vermögensebene sieht das BVerfG damit als mit den tatsächlichen Gegebenheiten nicht vereinbar an.

Folgerichtig hat die Rürup - Kommission in ihrem Gutachten für die Einordnung der Rentenbeiträge als Werbungskosten plädiert[63]. Wie oben dargelegt, befand sie sich damit auch im Einklang mit dem wohl überwiegenden Teil der Literatur[64]. Die hiergegen nur vereinzelt vorgebrachte Kritik[65] bringt in der Sache nichts Neues und vermag die soeben dargestellten, überzeugenden Argumente nicht zu entkräften[66].

Umso unverständlicher ist die Tatsache, dass der Gesetzgeber gerade in diesem Punkt den Vorschlägen der Rürup – Kommission nicht gefolgt ist und die Rentenversicherungsbeiträge weiterhin den Sonderausgaben zugeordnet hat. Damit wurde die Chance vertan, eine steuersystematisch unvertretbare Regelung zu beseitigen. Die Situation wurde sogar noch verschlimmert, da sich der Gesetzgeber nach Wegfall der Ertragsanteilsbesteuerung noch nicht einmal darauf berufen kann, ein System konsequent umgesetzt zu haben. Aus den dargelegten Gründen gibt es im System der nachgelagerten Besteuerung keine andere zutreffende Möglichkeit als die Einordnung der Aufwendungen als Werbungskosten. Der Übergang zur nachgelagerten Besteuerung beinhaltet ja gerade die Abkehr von der Vorstellung, mit den Rentenbeiträgen ein Anwartschaftsrecht anzusparen, die die Rechtfertigung für den Sonderausgabenabzug bot.

Die Gründe für dieses Vorgehen des Gesetzgebers liegen relativ offensichtlich auf der Hand, wenn sie sich auch bezeichnenderweise nicht aus der Gesetzesbegründung ergeben. Die Motivation ist ausschließlich im fiskalischen Bereich zu sehen. Eine Einordnung als Werbungskosten hätte zum einen die Möglichkeit

---

[62] BFH v. 06.06.2002, DB 02, 2515.
[63] Rürup – Kommission, 21.
[64] vgl. neben den obigen (FN 55-57) Nachweisen zu dieser Auffassung außerdem Greber, DStZ 97, 465; Zitzelsberger, DStZ 1984, 467 und außerdem zur neuen Rechtslage Intemann/Cöster, DStR 05, 1921 (1923); Brall/Bruno-Latocha/Lohmann, DRV 03, 465 (473 f.) und DRV 03, 673 (674); Heidrich, FR 04, 1321; ders. DStR 05, 861; Ruland, StB 03, 42 (44); HHR/Kulosa, zu § 10, RN J 04-8 (Jahresband 2005).
[65] Fischer, BB 2003, 873.
[66] vgl. speziell als Erwiderung auf Fischer: Söhn, StuW 2003, 332.

zum Verlustvortrag mit sich gebracht, was wohl aus fiskalischen Gründen nicht gewollt war. Zum anderen war der Gesetzgeber allem Anschein nach der Auffassung, die zur Begrenzung des finanziellen Risikos beabsichtigte Deckelung der Aufwendungen sei im Sonderausgabenbereich besser zu rechtfertigen[67].

Es wird daher weiterhin mit einer unsystematischen gesetzlichen Fiktion gearbeitet. Es stellt sich allerdings die Frage, ob diese Entscheidung noch von dem gesetzgeberischen Gestaltungsspielraum gedeckt ist. Daran kann man hier schon unter dem Gesichtpunkt zweifeln, dass ja nicht ein gesetzliches Leitbild insgesamt fingiert, sondern lediglich ein einzelner Teilbereich herausgegriffen wird. Ob diese Regelung verfassungsrechtlich Bestand haben kann, wird später eingehend dargestellt[68]. In jedem Fall ist es aber bezeichnend für die Ernsthaftigkeit der von allen politischen Seiten vehement behaupteten Absicht, das Einkommensteuerrecht zu vereinfachen, wenn aus rein fiskalischen Erwägungen eine steuersystematisch nicht zu begründende Regelung beibehalten oder neu geschaffen wird.

C. 3-Schichten-Modell

Auf Vorschlag der Rürup Kommission[69] wurde für die Neuordnung der steuerrechtlichen Behandlung von Altersvorsorgeaufwendungen und Altersbezügen ein „Drei-Schichten-Modell“ eingeführt. Dieses unterscheidet sich strukturell von dem in diesem Zusammenhang schon seit langem bekannten „Drei-Säulen-Modell“. Beide Modelle gehen von unterschiedlichen Zuordnungskriterien zu den „Schichten“ oder „Säulen“ aus. Sie schließen sich daher nicht gegenseitig aus, sondern ergänzen sich bzw. stehen nebeneinander.

Nach dem „Drei-Säulen-Modell“ wird eine Unterteilung nach der Quelle der späteren Alterseinkünfte vorgenommen. Die erste Säule bildet dabei die gesetzliche Altersversorgung in Form der gesetzlichen Rentenversicherung oder vergleichbarer Einrichtungen. Die zweite Säule ist die betriebliche Altersversorgung, während private Altersvorsorgeprodukte wie auch die Riester-Rente zur dritten Säule gehören. Eine steuerliche Förderung ist in allen Säulen auf unterschiedliche Art und Weise möglich.

---

[67] Ebenso: Risthaus, DB 2004, 1329.
[68] Vgl. unten „Verfassungsmäßigkeit der Regelungen“.
[69] Rürup – Kommission, 13 ff.

Das „Drei-Schichten-Modell“ geht methodisch von einem anderen Ansatz für die Unterteilung aus, die Frage der Quelle der Einkünfte spielt nur eine untergeordnete Rolle. Primäres Unterscheidungsmerkmal ist hier die Frage, ob das Altersvorsorgeprodukt ausschließlich der Altersvorsorge dient oder nicht. Falls dies der Fall ist, erfolgt eine Zuordnung zu einer der ersten beiden Schichten. In die erste Schicht, die so genannte Basisversorgung, gliedern sich die gesetzliche Rentenversicherung und vergleichbare Altersversorgungen (z.B. berufsständische Versorgungswerke). In diese Schicht gehören aber auch die von der Versicherungswirtschaft neu zu entwickelnden privaten „Rürup-Renten“, die sich dadurch auszeichnen, dass sie von ihren Vertragsbedingungen den Gegebenheiten der gesetzlichen Rentenversicherung angeglichen sind und diesen vergleichbare Leistungen erbringen[70].

Zur zweiten Schicht gehören die Produkte der privaten Altersvorsorge im Wege der Riester – Rente nach §§ 10a und 79 ff. EStG sowie der betrieblichen Altersvorsorge.

Die dritte Schicht besteht aus privaten Kapitalanlageprodukten wie z.B. Kapitallebensversicherungen, die der Altersvorsorge dienen können, es aber nicht zwingend müssen. Hierbei steht der Gesichtspunkt der privaten Kapitalanlage im Vordergrund, so dass eine steuerliche Entlastung nicht angebracht ist. Es sollte vielmehr eine einheitliche Besteuerung aller Kapitalanlageprodukte erfolgen[71].

Für die steuerliche Behandlung hat die Einteilung zur Folge, dass in den ersten beiden Schichten die volle nachgelagerte Besteuerung erfolgt, während in der dritten Schicht ohne jegliche Vergünstigung vorgelagert besteuert wird.

Der Grundgedanke des „Drei-Schichten-Modells“ ist aus steuersystematischer Sicht zu begrüßen. Im Einkommensteuerrecht wird auch bei allen übrigen Einkünften grundsätzlich nicht danach unterschieden, aus welcher Quelle sie zufließen. Entscheidend ist alleine die Einordnung der Einkünfte ihrer Art nach. Die Übertragung dieser Sichtweise auf die Einkünfte aus der Altersvorsorge ist daher nahe liegend.

---

[70] Förster, BetrAV 03,494; zu den Voraussetzungen der Rürup-Renten im einzelnen vgl. unten bei „Basisversorgung“.
[71] Rürup-Kommission, 16.

Nach dem „Drei-Schichten-Modell“ verläuft die einkommensteuerlich entscheidende „Trennlinie“ zwischen der zweiten und dritten Schicht. Auch das hierfür gewählte Unterscheidungskriterium ist sachlich zutreffend. Es kann in der Tat nur entscheidend sein, welche Leistungen ausschließlich der Altersvorsorge dienen. Nur in diesen Fällen ist die o.g. nachgelagerte Besteuerung mit der entsprechenden steuerlichen Behandlung in der Ansparphase angebracht. Steht der Kapitalanlagegedanke im Vordergrund, besteht hierfür kein Anlass. In diesem Bereich ist das Leitbild der Ertragsanteilsbesteuerung, also Ansparen eines Kapitalstocks mit späterer verzinster Auszahlung, zutreffend.

Zu kritisieren ist lediglich die Tatsache, dass innerhalb des reinen Altersvorsorgebereichs nochmals unterschieden wird, wobei für die Riester- und die Rürup-Renten verschiedene Voraussetzungen aufgestellt werden[72]. Wie schon ein erster Blick auf den Umfang des AltEinkG zeigt, führt dies zu einer Vielzahl von unterschiedlichen Vorschriften, die nur noch schwer zu überblicken und vor allem dem steuerlichen Laien nicht zu vermitteln sind. Dies ist vor allem von daher problematisch, dass Steuerpflichtige privat für ihr Alter Vorsorge leisten sollen und müssen. Es besteht aber die nicht unerhebliche Gefahr, dass sie durch die Komplexität der Regelungen hiervon abgeschreckt werden.

Wenn man schon den Weg geht, eine Einteilung nach der Art der späteren Einkünfte vorzunehmen, wäre es auch zumindest wünschenswert, wenn nicht gar erforderlich, die Kriterien für das Vorliegen dieser Einkünfte zu vereinheitlichen. Es ergäben sich dann nur die Bereiche reine Alterseinkünfte und private Kapitalanlage. Aufgrund der vollen nachgelagerten Besteuerung stellt die Abzugsfähigkeit der für Alterseinkünfte aufgewendeten Beiträge ohnehin keine steuerliche Vergünstigung, sondern eine steuersystematische Notwendigkeit dar. Davon unabhängig könnten die Kriterien für die Gewährung einer echten steuerlichen Vergünstigung in Form einer Zulage gewählt werden.

---

[72] Zu den Einzelheiten vgl. unten IV. bzw. V.

IV. Regelungen zur Basisversorgung (1.Schicht)

Durch das AltEinkG wurde die sog. Basisversorgung nach dem Modell der „Rürup – Kommission" neu eingeführt, wobei das Gesetz den Begriff der Basisversorgung nicht verwendet. In diesem Zusammenhang werden im Folgenden drei Bereiche dargestellt. Zunächst werden die Regelungen des Sonderausgabenabzugs für die Altersvorsorgeaufwendungen und der Besteuerung der Alterseinkünfte erläutert. Danach wird die Frage der Verfassungsmäßigkeit der Regelungen erörtert.

A. Sonderausgabenabzug

1. Altersvorsorgeaufwendungen, § 10 Abs. 1 Nr.2 EStG

Die Abzugsfähigkeit der Altersvorsorgeaufwendungen als Sonderausgaben ist im völlig neu gefassten § 10 Abs. 1 Nr. 2 EStG geregelt. Dort wurde das Konzept der Rürup - Kommission zur ersten Schicht (Basisversorgung) weitgehend umgesetzt[73]. Es wird nun in zwei Kategorien unterschieden: die Altersvorsorgeaufwendungen und die sonstigen Vorsorgeaufwendungen[74]. Das Gesetz enthält aber weder den Begriff der Basisversorgung, noch den der Altersvorsorgeaufwendungen. Legal definiert wird wie bisher lediglich der Begriff der Vorsorgeaufwendungen in § 10 Abs. 2 Satz 1 EStG durch Verweis auf die Regelungen in § 10 Abs. 1 Nr. 2 und 3 EStG. Unter Vorsorgeaufwendungen sind diejenigen Aufwendungen zu verstehen, die die dort genannten Voraussetzungen erfüllen. Die Unterscheidung in Altersvorsorgeaufwendungen und sonstige Vorsorgeaufwendungen ergibt sich durch die unterschiedliche Behandlung hinsichtlich der Abzugsfähigkeit der Aufwendungen in den Absätzen 3 und 4 des § 10 EStG.

Nach § 10 Abs. 1 Nr. 2 lit. a) EStG gehören zu den Altersvorsorgeaufwendungen die Beiträge zu den gesetzlichen Rentenversicherungen oder landwirtschaftlichen Alterskassen sowie zu berufsständischen Versorgungseinrichtungen, die den gesetzlichen Rentenversicherungen vergleichbare Leistungen erbringen[75]. Hinzuzurechnen sind nach § 10 Abs. 1 Nr. 2 Satz 2 EStG auch die steuerfreien Arbeitgeberanteile zur gesetzlichen Rentenversicherung.

Den Beiträgen zu den gesetzlichen Versicherungen gleichgestellt sind nach § 10 Abs. 1 Nr. 2 lit. b) EStG bestimmte private, kapitalgedeckte Altersvorsorgepro-

---

[73] Korn/Strahl, KÖSDI 04, 14360; Risthaus, DB 2004, 1329 (1330).
[74] Horlemann, FR 04, 1049 (1052).
[75] vgl. Preißer/Sieben, S. 25; Melchior, DStR 04, 1061 (1062).

dukte (sog. „Rürup-Rente“[76]). Voraussetzung für den Sonderausgabenabzug ist zunächst, dass die Leistung ausschließlich in der Zahlung einer monatlichen, lebenslangen Leibrente besteht. Diese Rente muss auf das Leben des Versicherten bezogen sein. Eine ergänzende Absicherung der Hinterbliebenen, des Eintritts der Berufsunfähigkeit oder der verminderten Erwerbsfähigkeit ist unschädlich. Weiterhin darf der Anspruch aus der Rente nicht vererblich, nicht übertragbar, nicht beleihbar, nicht veräußerbar und nicht kapitalisierbar sein. Durch diese sehr einengende Definition der begünstigten kapitalgedeckten Altersvorsorgeprodukte soll sichergestellt werden, dass nur solche Beiträge zum Sonderausgabenabzug berechtigen, die zu Ansprüchen vergleichbar mit den Anwartschaften der gesetzlichen Renteversicherung führen[77].

Anders als von der Rürup-Kommission vorgesehen[78], hat der Gesetzgeber aber nicht bestimmt, dass das Vorliegen dieser Voraussetzungen in einem Zertifizierungsverfahren vergleichbar dem Vorgehen bei der Riester-Rente überprüft wird. Das Vorliegen der Fördervoraussetzungen ist daher von allen Beteiligten (Steuerpflichtiger, Berater, Finanzverwaltung) im Einzelfall zu überprüfen[79]. Es steht zu befürchten, dass dies zu gerichtlichen Verfahren über die steuerliche Qualifikation einzelner Verträge führt, die leicht hätten vermieden werden können. Es sind keine Gründe ersichtlich, warum die ohnehin bestehenden Zertifizierungsstellen die Beurteilungen dieser Produkte nicht hätten übernehmen können. Im Sinne der Verwaltungseffizienz und der Planungssicherheit für die Steuerpflichtigen, die den Abschluss eines solchen Vertrages beabsichtigen, wäre eine Vorab-Klärung dieser entscheidenden Frage wünschenswert.

Nicht zur Basisversorgung gehören die bisher begünstigten Leistungen aus Rentenversicherungen mit oder ohne Kapitalwahlrecht und Kapitalversicherungen gegen laufende Beitragsleistung mit Sparanteil (im Folgenden: Kapitallebensversicherungen), da diese Produkte zwar auch der Altersvorsorge dienen, der Charakter der Kapitalanlage aber deutlich überwiegt[80]. Diese Versicherungen gehören nach dem AltEinkG zu den Kapitalanlageprodukten der dritten Schicht[81].

---

[76] vgl. z.B. Weber - Grellet, DStR 04, 1721 (1724).
[77] Myßen, Betriebliche Altersversorgung 04, 415 (417); Risthaus, DB 04, 1329 (1330).
[78] Rürup – Kommission, Seite 13 FN 5.
[79] Risthaus, DB 04, 1329 (1330).
[80] BT-Drucks. 15/2150, 34; Risthaus, DB 04, 1329 (1338).
[81] vgl. dazu unten VI.

2. Berücksichtigung von Beiträgen (Ansparphase)

Die geleisteten Altersvorsorgeaufwendungen sind nach § 10 Abs. 3 Satz 1 EStG nur bis zu einem Höchstbetrag von 20.000,- € als Sonderausgaben abziehbar. Bei zusammenveranlagten Ehegatten beträgt der Höchstbetrag 40.000,- €, § 10 Abs. 3 Satz1 EStG. Dabei ist allerdings zu unterscheiden, ob der Steuerpflichtige ganz oder teilweise einen Anspruch auf eine Altersversorgung erhält ohne einen Anspruch auf nach § 3 Nr. 62 EStG steuerfreie Arbeitgeberbeiträge zu haben oder eigene Beiträge zu leisten (z.B. Beamte, Abgeordnete[82]).

Da bei rentenversicherungspflichtigen Arbeitnehmern nach der Neuregelung sowohl der Arbeitnehmer-, als auch der steuerfreie Arbeitgeberanteil zur gesetzlichen Rentenversicherung als Altersvorsorgeaufwendungen anzusehen sind, werden diese mit den eigenen Leistungen des Steuerpflichtigen addiert. Die sich danach ergebenden Aufwendungen sind nur bis zum maßgebenden Höchstbetrag abziehbar. Im Ergebnis bedeutet dies, dass private Altersvorsorgeaufwendungen nur bis zu dem nach Abzug der Beiträge zur gesetzlichen Rentenversicherung verbleibenden Höchstbetrag steuerlich geltend gemacht werden können.

Entsprechend der Vorstellung des Gesetzgebers, allen Steuerpflichtigen ein einheitliches Vorsorgevolumen einzuräumen[83], musste dem Umstand Rechnung getragen werden, dass bestimmte Berufsgruppen (z.B. Beamte, Abgeordnete) einen Anspruch auf Altersbezüge erhalten, ohne dafür eigene Beiträge zahlen zu müssen oder steuerfreie Zuschüsse des Arbeitgebers zu erhalten. Ohne eine gesonderte Regelung für diese Steuerpflichtigen, hätte ihnen der gesamte Höchstbetrag für die private Altersvorsorge zur Verfügung gestanden. Das Problem wird nach der Regelung in § 10 Abs. 3 Satz 3 EStG dadurch gelöst, dass in diesen Fällen der Höchstbetrag um einen fiktiven Gesamtrentenversicherungsbeitrag[84] gekürzt wird. Das ist der Betrag, der dem Gesamtbetrag (Arbeitgeber- und Arbeitnehmeranteil) zur gesetzlichen Rentenversicherung entsprechen würde, wenn das Dienstverhältnis versicherungspflichtig wäre. Im Ergebnis verbleibt dem Steuerpflichtigen daher der gleiche Betrag für die private Altersvorsorge wie einem rentenversicherungspflichtig Beschäftigten mit gleichem Bruttoarbeitslohn.

---

[82] Weber-Grellet, DStR 04, 1721 (1725).
[83] BT-Drucks. 15/2150, 34.
[84] Weber-Grellet, DStR 04, 1721 (1725).

3. Abzugsumfang Übergangsphase

Das AltEinkG sieht für den Übergang zur vollen nachgelagerten Besteuerung der Alterseinkünfte sehr lange Übergangsfristen vor[85]. Dementsprechend wird auch die Abzugsfähigkeit der Altersvorsorgeaufwendungen schrittweise angehoben. Im Jahr der erstmaligen Anwendung der Vorschriften 2005 sind nach § 10 Abs. 3 Satz 4 EStG nur 60% der nach der Höchstbetragsberechnung ermittelten Altersvorsorgeaufwendungen abziehbar. Dieser Prozentsatz wird ab 2006 um jährlich zwei Prozentpunkte angehoben, § 10 Abs. 3 Satz 6 EStG, so dass sich die Abzugsfähigkeit der Altersvorsorgeaufwendungen bis zu dem jeweils maßgeblichen Höchstbetrag erstmals für das Jahr 2025 ergibt.

Dabei ist jedoch zu beachten, dass sich bei dieser Regelung in der Übergangsphase für einige Steuerpflichtige eine Schlechterstellung im Vergleich zur bisherigen Höchstbetragsberechnung ergibt. Betroffen wären vor allem die Bezieher geringer Einkommen bis etwa 12.000,- €, bei denen bisher die gesamten Sozialversicherungsbeiträge als Sonderausgaben abgezogen werden konnten.

Um eine Schlechterstellung dieser Steuerpflichtigen zu vermeiden[86], wurde in § 10 Abs. 4a EStG eine Günstigerprüfung für die Jahre 2005 bis 2019 eingeführt. Danach berechnet sich der Höchstbetrag der abziehbaren Vorsorgeaufwendungen nach der bisherigen Regelung, sofern dies für den Steuerpflichtigen günstiger ist. Der anzusetzende Vorwegabzug wird dabei ab dem Jahr 2011 schrittweise abgeschmolzen.

4. Sonstige Vorsorgeaufwendungen

Von den Altersvorsorgeaufwendungen i.S.v. § 10 Abs. 1 Nr. 2 EStG sind die sonstigen Vorsorgeaufwendungen nach § 10 Abs. 2 Nr. 3 EStG zu unterscheiden. Dazu gehören nach lit. a) der Vorschrift die Beiträge zur gesetzlichen Arbeitslosenversicherung sowie zu privaten Erwerbs- und Berufsunfähigkeitsversicherungen, wenn die Versicherungsbeiträge keine Altersvorsorgeaufwendungen darstellen. Außerdem werden Beiträge zur Kranken-, Pflege-, Unfall-, und Haftpflichtversicherung sowie zu Rentenversicherungen, die nur für den Todesfall eine Leistung vorsehen, zum Sonderausgabenabzug zugelassen. Insoweit ergibt sich inhaltlich keine wesentliche Änderung zur früheren gesetzlichen Regelung, diese Beiträge waren auch bisher als Vorsorgeaufwendungen abziehbar[87].

---

[85] vgl. unten IV. B. 2.
[86] vgl. Gesetzesbegründung, BT-Drucks. 15/2150, 35.
[87] BT-Drucks. 15/2150, S. 34; vgl. Weber-Grellet, DStR 04, 1721 (1725).

Nach § 10 Abs. 1 Nr. 3 lit. b) EStG gehören auch Beiträge zu Kapitallebensversicherungen zu den Vorsorgeaufwendungen, wenn die Laufzeit der Versicherung vor dem 01. Januar 2005 begonnen hat und ein Versicherungsbeitrag bis zum 31. Dezember 2004 entrichtet wurde (Altverträge). Diese Regelung war aus Vertrauensschutzgesichtspunkten für die Vielzahl von bestehenden Verträgen erforderlich.

Problematisch an dieser Regelung ist der Abschluss sog. Vorratsverträge, bei denen der Vertragsabschluss und die Zahlung des ersten Beitrags zur Sicherung der Steuervorteile noch in 2004 liegen, der Vertrag dann aber in 2005 ruhend gestellt wurde. Das BMF hat dieses Problem erkannt und sieht eine solche Gestaltung als im Regelfall rechtsmissbräuchlich nach § 42 AO an[88]. Ungeklärt bleibt jedoch, wie diese Fälle im Masseverfahren der Einkommensteuerveranlagung aufgedeckt werden sollen. Problematisch ist nämlich, dass durch das Ruhen der Verträge keine Zahlungen als Sonderausgaben geltend gemacht werden und dadurch kein Anlass zur Überprüfung gesehen wird. Dadurch besteht die Gefahr, dass die Verträge seitens der Finanzverwaltung „in Vergessenheit geraten" und bei einem eventuell Jahre später wieder geltend gemachten Sonderausgabenabzug nicht mehr genauer geprüft werden, geschweige denn bei der Auszahlung der dann steuerpflichtigen Versicherungsleistung. Dem könnte nur durch eine exakte Prüfung der Sonderausgaben hinsichtlich jedes einzelnen Versicherungsvertrages in den Einkommensteuererklärungen 2004 verglichen mit denen für 2005 entgegen getreten werden. Nur dabei könnten die „Vorratsverträge" aufgedeckt und entsprechende Vermerke in den Akten angebracht werden. Einen entsprechenden Hinweis lässt das BMF - Schreiben aber vermissen.

Die sonstigen Vorsorgeaufwendungen sind nach § 10 Abs. 4 EStG für Steuerpflichtige, die Aufwendungen zu einer Krankenversicherung in vollem Umfang selbst tragen müssen, bis zu einem Höchstbetrag von 2.400,- € abziehbar. Bei allen anderen Steuerpflichtigen beträgt der Höchstbetrag 1.500,- €[89]. Ob die Höhe dieser Abzugsbeträge verfassungsrechtlich zulässig ist, wird später näher betrachtet werden müssen.

---

[88] vgl. BMF-Schreiben vom 25.11.2004, BStBl. I 04, 1096.
[89] Myßen, Betriebliche Altersversorgung 04, 415 (418).

B. Besteuerung

Für die Leibrenten der Basisversorgung wird durch das AltEinkG die volle nachgelagerte Besteuerung eingeführt und dadurch die Gleichbehandlung mit Beamtenpensionen, die schon bisher nachgelagert besteuert wurden, erreicht. Die Angleichung erfolgt in einer langfristigen Übergangsregelung bis zum Jahre 2040. Im Folgenden werden zunächst die Besteuerung der Leibrenten und Pensionen ab dem Jahr 2040 dargestellt und anschließend die Übergangsregelungen erläutert.

1. Endgültige Regelung

a) Leibrenten der Basisversorgung

(1) Reguläre Besteuerung

Die Besteuerung der Leibrenten der Basisversorgung ist wie bisher im § 22 EStG bei den sonstigen Einkünften geregelt, die Besteuerung der Pensionen erfolgt nach § 19 EStG weiterhin als Einkünfte aus nichtselbstständiger Tätigkeit. Damit wird nicht der teilweise vorgeschlagene[90], systematisch sauberere Weg gewählt, eine eigene Einkunftsart „Alterseinkünfte“ ins EStG neu aufzunehmen. Nur damit wäre dem Kernpunkt der Neuregelung, die Besteuerung aller Alterseinkünfte zu vereinheitlichen, auch gesetzessystematisch hinreichend Rechnung getragen worden.

Nach § 22 Abs. 1 Satz 3 lit. a) aa) EStG gehören Leibrenten und sonstige Leistungen, die aus der gesetzlichen Rentenversicherung, den landwirtschaftlichen Alterskassen, den berufsständischen Versorgungseinrichtungen und aus den Rentenversicherungen i.S.d. § 10 Abs. 1 Nr. 2 lit. b) EStG erbracht werden, zu den sonstigen Einkünften. Es werden daher spiegelbildlich diejenigen Leistungen der vollen Besteuerung unterworfen, bei denen die Beiträge in der Ansparphase als Altersvorsorgeaufwendungen anzusehen sind[91]. Prinzipiell wird damit die nachgelagerte Besteuerung von Leistungen erreicht, die aus unversteuertem Einkommen erwirtschaftet werden.

Zu beachten ist aber, dass die Besteuerung unabhängig davon erfolgt, ob die Beiträge in der Ansparphase tatsächlich als Sonderausgaben abgezogen werden konnten. Leistet ein Steuerpflichtiger Beiträge für seine Alterssicherung, die die

---

[90] vgl. z.B. Kölner Entwurf eines Einkommensteuergesetzes, § 8; ebenso schon Einkommensteuerkommission 1958, 218.

[91] BT-Drucks. 15/2150, 39.

Höchstbeträge für den Sonderausgabenabzug überschreiten, wirken sich diese für ihn nicht steuermindernd aus. Er erwirbt die Anwartschaften auf seine Leibrenten aus (teilweise) versteuertem Einkommen. Die Rentenzahlungen muss er aber dennoch versteuern, was aufgrund des Verbotes der Doppelbesteuerung problematisch ist[92].

(2) Öffnungsklausel

Von den Einnahmen wird mindestens ein Werbungskostenpauschbetrag in Höhe von 102,- € abgezogen, § 9a Nr. 3 EStG, sofern nicht höhere Werbungskosten nachgewiesen werden. Im ursprünglichen Gesetzesentwurf der Bundsregierung war keine Ausnahme von dieser Besteuerung vorgesehen[93]. Der Bundesrat brachte jedoch Bedenken hinsichtlich der Gefahr einer Zweifachbesteuerung bei bestimmten Personengruppen vor. Nach seiner Ansicht besteht die Gefahr aufgrund dieser strikten Regelung bei Selbständigen, die in der gesetzlichen Rentenversicherung freiwillig oder pflichtversichert sind oder die Beiträge zu berufsständischen Versorgungseinrichtungen zahlen. Da für diese Steuerpflichtigen kein steuerfreier Arbeitgeberanteil zur Rentenversicherung geleistet wurde und ihre Aufwendungen auch nur begrenzt als Sonderausgaben berücksichtigt werden konnten, wurden die Beiträge zur Altersversorgung zu einem großen Teil aus versteuertem Einkommen bestritten. Dies würde bei einem Besteuerungsanteil von 50% zu einer erheblichen Doppelbelastung führen[94].

Aus diesem Grund hat der Gesetzgeber in § 22 Nr. 1 Satz 3 lit. a) bb) Satz 2 EStG eine „Öffnungsklausel" für bestimmte Altfälle eingeführt, durch die eine Doppelbesteuerung nicht gänzlich beseitigt, aber doch zumindest abgemildert wird[95]. Danach kann unter bestimmten Voraussetzungen auf Antrag die Ertragsanteilsbesteuerung durchgeführt werden. Dazu muss der Steuerpflichtige nachweisen, dass er vor dem 31.12.2004 mindestens zehn Jahre Beiträge geleistet hat, die über dem Höchstbetrag zur gesetzlichen Rentenversicherung lagen. Betroffen sein können von dieser Regelung Leistungen aus den berufsständischen Versorgungswerken[96].

Liegt diese Voraussetzung vor und stellt der Steuerpflichtige einen Antrag auf die Ertragsanteilsbesteuerung, hat dies die äußerst komplizierte Folge, dass die

---

[92] vgl. zu den Einzelheiten unten: Verfassungsmäßigkeit der Regelungen.
[93] vgl. Fassung des § 22 EStG in BT-Drucks. 15/2150, 9.
[94] BT-Drucks. 15/2563, 8.
[95] Neufang, Stbg 04, 551 (561); Risthaus, DB 04, 1383 (1387).
[96] Risthaus, DB 04, 1329 (1337).

Rentenzahlungen für Zwecke der Besteuerung in drei Bestandteile zu zerlegen sind. Wie sich aus der Formulierung „soweit" ergibt, ist zunächst zu unterscheiden, ob die Beiträge bis zum 31.12.2004 oder danach geleistet wurden. Die Beiträge bis zum 31.12.2004 sind nochmals in den Teil bis zu den Höchstbeträgen und in den übersteigenden Teil aufzuteilen. Die Unterscheidung ist erforderlich, da für jeden Teilbetrag unterschiedliche Besteuerungsvorschriften anzuwenden sind.

Soweit die Renten auf Beiträgen vor 2005 bis zur Beitragsbemessungsgrenze beruhen, erfolgt die volle nachgelagerte Besteuerung nach § 22 Nr. 1 Satz 3 lit. a) aa) EStG. Soweit sie auf Beiträgen vor 2005 beruhen, die oberhalb der Beitragsbemessungsgrenze liegen, erfolgt die Besteuerung nur mit dem Ertragsanteil nach § 22 Nr. 1 Satz 3 lit. a) bb) EStG. Soweit die Renten auf Beiträgen nach 2004 beruhen, erfolgt die volle nachgelagerte Besteuerung unabhängig von der Höhe der Beiträge und deren steuerlicher Abzugsfähigkeit als Sonderausgaben[97]. Obwohl der Steuerpflichtige nicht in der Lage sein wird, die prozentualen Anteile einer derart differenzierten Besteuerung zu ermitteln, sieht das Gesetz keine Verpflichtung des Versorgungsträgers vor, eine entsprechende Bescheinigung in Papierform auszustellen[98]. Das BMF stellt in seinem hierzu ergangenen Schreiben eine solche Verpflichtung aber kommentarlos, ohne Angabe einer gesetzlichen Grundlage fest[99]. Es bleibt im Interesse der betroffenen Steuerpflichtigen zu hoffen, dass die Versorgungsträger dieser Regelung Folge leisten werden. Die sicherere und juristisch exakte Möglichkeit wäre jedoch die Aufnahme einer entsprechenden gesetzlichen Verpflichtung.

b) Beamtenpensionen

Die Besteuerung der Beamtenpensionen erfolgt auch weiterhin als Einkünfte aus nichtselbstständiger Arbeit nach § 19 EStG. Eine Änderung ergibt sich nur insoweit, als kein Versorgungsfreibetrag nach § 19 Abs. 2 EStG steuerfrei belassen wird und nicht mehr der Arbeitnehmerpauschbetrag nach § 9a Nr. 1 EStG abgezogen werden kann. Von den Einnahmen wird wie bei den Leibrenteneinkünften lediglich ein Werbungskostenpauschbetrag in Höhe von 102,- € abgezogen, § 9a Nr. 1 lit. b) EStG, sofern nicht höhere Werbungskosten nachgewiesen werden.

---

[97] Risthaus, DB 04, 1329 (1336).

[98] vgl. Risthaus, DB 04, 1329 (1336).

[99] BMF vom 24.02.2005, BStBl I 05, 429, RN 138.

c) Abschaffung Altersentlastungsbetrag

Mit der Einführung des Altersentlastungsbetrages nach § 24a EStG durch das Steuerreformgesetz 1975 sollte die bei Rentnern und Pensionären gegebene Besserstellung der Einkünfte aus Altersrenten und Pensionen gegenüber den übrigen Einkünften beseitigt werden. Während die Renten- und Pensionseinkünfte durch die Ertragsanteilsbesteuerung bzw. den Versorgungsfreibetrag begünstigt besteuert wurden, fiel die Steuer für alle übrigen Einkünfte der Renten- und Pensionsbezieher in voller Höhe an. Diese Ungleichbehandlung sollte aus verfassungsrechtlichen Erwägungen durch den Altersentlastungsbetrag beseitigt werden[100]. Nachdem durch die Neuregelungen des AltEinkG aber ab dem Jahr 2040 auch die Alterseinkünfte voll besteuert werden, ist die verfassungsrechtliche Rechtfertigung für diese Regelung weggefallen[101]. Seine Beibehaltung würde zu einer verfassungsrechtlich nicht zu rechtfertigenden Schlechterstellung der Renten- und Pensionseinkünfte verglichen mit allen anderen Einkünften führen. Die endgültige Abschaffung des Altersentlastungsbetrages durch das AltEinkG ab dem Jahr 2040 ist daher folgerichtig.

2. Übergangsregelung

a) Leibrenten

Die Einführung der Neuregelungen zur Besteuerung zu einem bestimmten Stichtag war aus haushaltswirtschaftlichen- und verfassungsrechtlichen Gründen nicht durchführbar[102]. Die stufenlose Einführung des mit der nachgelagerten Besteuerung korrespondierenden Sonderausgabenabzugs hätte zu einer nicht zu bewältigenden Belastung der öffentlichen Haushalte geführt. Verfassungsrechtlich hätte sich eine nicht zu rechtfertigende Doppelbesteuerung der „Altrenten" ergeben, deren Anwartschaften aus (teilweise) versteuertem Einkommen erdient wurden. Der Gesetzgeber hat sich daher für eine Übergangsregelung nach dem sog. „Kohortenprinzip" entschieden[103].

(1) Kohortenprinzip

Nach § 22 Nr. 1 Satz 3 lit. a) aa) Sätze 2 – 8 EStG wird nicht jede einzelne Rente schrittweise in die neue Besteuerung überführt, sondern es wird für jeden neu hinzukommenden Rentnerjahrgang (Kohorte) ab dem Jahr 2005 ein bestimmter

---

[100] BT-Drucks. 7/ 1470, 279.
[101] BT-Drucks. 15/2150, 43.
[102] BT-Drucks. 15/2150, 40.
[103] zur Frage, ob den verfassungsrechtlichen Anforderungen mit dieser Regelung hinreichen Rechnung getragen wurde, vgl. unten VII „Verfassungsmäßigkeit der Regelungen".

Anteil der Rente der Besteuerung unterworfen[104]. Dabei gilt der für den Rentenbeginn im Jahr 2005 festgelegte steuerpflichtige Anteil von 50% gleichermaßen für sämtliche vor diesem Jahr begonnenen Renten (sog. Altfälle)[105]. Der steuerpflichtige Anteil erhöht sich von 50% in 2005 um zunächst zwei Prozentpunkte jährlich bis auf 80% im Jahr 2020. Danach erfolgt die Erhöhung um jährlich einen Prozentpunkt bis auf einen Besteuerungsanteil von 100% ab dem Jahre 2040.

Anders als bei der Ertragsanteilsbesteuerung wird aber nicht dieser Prozentsatz für die gesamte Laufzeit der Rente festgeschrieben und zur Ermittlung des steuerfreien Anteils der Rentenzahlungen in jedem einzelnen Kalenderjahr herangezogen. Es wird vielmehr mittels des Prozentsatzes ein fester „Rentenfreibetrag" ermittelt. Der steuerfreie Teil der Rente ergibt sich nach § 22 Nr. 1 Satz 3 lit. a) aa) Satz 5 EStG als Unterschiedsbetrag zwischen dem Jahresbetrag der Rente und dem der Besteuerung unterliegenden Teil der Rente. Wie dem Gesetzeswortlaut nicht unmittelbar entnommen werden kann[106], ist nach Auffassung der Finanzverwaltung dabei das Kalenderjahr maßgebend, das dem des erstmaligen Rentenbezugs folgt[107]. Dadurch wird in Übereinstimmung mit der Gesetzesbegründung sichergestellt, dass eine volle Jahresrente zur Berechnung herangezogen wird und damit verhindert, dass sich bei wirtschaftlich gleichen Sachverhalten unterschiedliche Beträge in Abhängigkeit vom Eintrittsmonat ergeben[108]. Andernfalls hätte ein später im Jahr erfolgender Renteneintritt einen niedrigeren steuerfreien Anteil zur Folge.

(2) Rentenanpassungen

Der so ermittelte „Freibetrag" wird über die gesamte Laufzeit der Leibrente von dem jeweils erhaltenen Rentenbetrag abgezogen, § 22 Nr. 1 Satz 3 lit. a) aa) Satz 6 EStG, wobei regelmäßige Anpassungen des Jahresbetrags der Rente nicht zu einer Neuberechnung des steuerfreien Anteils führen, § 22 Nr. 1 Satz 3 lit. a) aa) Satz 8 EStG. Der Effekt dieser Vorgehensweise besteht darin, dass die regelmäßigen jährlichen Erhöhungen der Rente voll besteuert werden[109]. Lediglich bei einer außerordentlichen Änderung der Rente, z.B. durch den Wegfall einer

---

[104] vgl. zum Begriff der Kohorte z.B. Myßen, Betriebliche Altersversorgung 04, 415 (418).
[105] Korn/Strahl, KÖSDI 04, 14360 (14363).
[106] Risthaus, DB 04, 1329 (1334).
[107] BMF vom 24.02.2005, BStBl I 05, 429, RN 114.
[108] vgl. BT-Drucks. 15/2150, S. 41.
[109] Weber-Grellet, DStR 04, 1721 (1726); Brall/Bruno-Latocha/Lohmann, DRV 03, 673 (678); Förster, BetrAV 04, 592 (593).

Rentenkürzung aufgrund Anrechnung anderer Einkünfte[110], erfolgt eine Anpassung des steuerfreien Betrages.

(3) Sonderfall „nachfolgende Rente“

Eine besondere Regelung enthält § 22 Nr. 1 Satz 3 lit. a) aa) Satz 9 EStG für die Fälle, in denen Renten aus derselben Versicherung einander nachfolgen (z.B. Witwenrente nach Wegfall der Altersrente oder Altersrente nach vorheriger Berufsunfähigkeitsrente)[111]. In diesen Fällen wird der maßgebende Prozentsatz für die Berechnung des steuerfreien Anteils der Rente dadurch ermittelt, dass zunächst von dem eigentlichen Renteneintrittsjahr der zweiten Rente die Laufzeit der ersten Rente abgezogen wird. Angewendet wird dann der Prozentsatz des sich danach ergebenden Jahres, mindestens 50%.

b) Abschmelzen des Versorgungsfreibetrages und des Werbungskostenpauschbetrages für Beamtenpensionen

Aufgrund der schrittweisen Einführung der vollen nachgelagerten Besteuerung muss auch der Versorgungsfreibetrag nach § 19 Abs. 2 EStG, der von Ruhegehältern abgezogen wird, sukzessive reduziert werden. Gleiches gilt für die Absenkung des maßgeblichen Werbungskostenpauschbetrages vom Arbeitnehmerpauschbetrag auf einen Betrag von 102,- €.

Gesetzestechnisch wird dies zunächst dadurch erreicht, dass schon ab dem Jahr 2005 nur noch der geringere Werbungskostenpauschbetrag von 102,- € abgezogen wird. Den Differenzbetrag erhält der Pensionsempfänger in der Übergangszeit durch einen jährlich sinkenden „Zuschlag zum Versorgungsbetrag“ nach § 19 Abs. 2 Satz 1 EStG, der unabhängig von den Einnahmen in einem absoluten Eurobetrag besteht[112]. Von den Einnahmen aus den Pensionen werden dann sowohl der einnahmeabhängige Versorgungsfreibetrag und der Zuschlag zum Versorgungsfreibetrag abgezogen.

Ab dem Jahr 2006 werden sowohl der Versorgungsfreibetrag wie auch der Zuschlag dazu entsprechend der Tabelle in § 19 Abs. 2 Satz 3 EStG bis zum Jahr 2040 schrittweise abgesenkt. Hinsichtlich des einnahmeabhängig ausgestalteten Versorgungsfreibetrages erfolgt die Anpassung hinsichtlich des anzuwendenden Prozentsatzes in Abhängigkeit von den Einnahmen sowie des Höchstbetrages.

---

[110] vgl. Risthaus, DB 04, 1329 (1335).
[111] Korn/Strahl, KÖSDI 04, 14360 (14364).
[112] Korn/Strahl, KÖSDI 04, 14360 (14366).

c) Abschmelzen des Altersentlastungsbetrages

Schließlich wird auch der Altersentlastungsbetrag ab dem Jahr 2006 bis zum Jahr 2040 sowohl hinsichtlich des maßgebenden Prozentsatzes als auch hinsichtlich des absoluten Höchstbetrages schrittweise abgesenkt. Die einzelnen Prozentsätze und Beträge für das jeweilige Jahr ergeben sich auch hier aus einer Tabelle in § 24a Satz 5 EStG, wobei die Prozentsätze den auf den Versorgungsfreibetrag anzuwendenden entsprechen.

V. Regelungen zur Zusatzversorgung (2. Schicht)

Nach dem 3-Schichten-Modell gehören zur zweiten Schicht - der Zusatzversorgung – sowohl die Riesterrente als auch die betriebliche Altersversorgung. Die Änderungen, die durch das AltEinkG in diesen Bereichen erfolgt sind, werden im folgenden Abschnitt dargestellt.

A. Riester-Rente

Die Regelungen zur sog. „Riester – Rente" wurden im Jahr 2001 durch das Altersvermögensgesetz eingeführt[113]. Die Grundkonzeption der Förderung wurde durch das AltEinkG nicht geändert[114]. Hinsichtlich der Besteuerung dieser Renten war auch nach der Entscheidung des BVerfG keine grundsätzliche strukturelle Änderung erforderlich, da diese bereits auf die nachgelagerte Besteuerung ausgerichtet war. Änderungen ergaben sich jedoch vor allem durch die Einführung eines Dauerzulagenantrages und der sog. „Unisex" Tarife. Außerdem besteht nunmehr die Möglichkeit der Abfindung von Kleinbetragsrenten und der Übertragung von Altersvorsorgevermögen im Rahmen der Scheidungsfolgenregelungen.

1. Besteuerung

Die Besteuerung der Riester - Renten weist jedoch konzeptionell einen wesentlichen Unterschied zur nunmehr eingeführten Besteuerung der Rürup - Rente auf. Anders als nach den Regelungen des AltEinkG werden die Riester - Renten zwar grundsätzlich nachgelagert besteuert. Nach § 22 Abs. 1 Nr. 5 EStG erfolgt die volle nachgelagerte Besteuerung jedoch nur insoweit, als die Leistungen in der Auszahlungsphase auf geleisteten Beiträgen in der Ansparphase beruhen, die auch tatsächlich steuerlich gefördert wurden. Das ist der Fall bei Beiträgen zu zertifizierten Altersvorsorgeverträgen an eine Pensionskasse, einen Pensionsfonds oder in eine Direktversicherung, die gemäß § 10a EStG als Sonderausgaben abgezogen werden konnten oder für die eine Altersvorsorgezulage nach dem XI. Abschnitt des EStG gewährt wurde. Beruhen die Leistungen jedoch auf Beiträgen, für die keine steuerliche Förderung in Anspruch genommen werden konnte, erfolgt die Besteuerung mit dem Ertragsanteil[115].

---

[113] BStBl I 2001, S.420.
[114] Weber-Grellet, DStR 04, 1721 (1728).
[115] Risthaus, DB 04, 1383 (1387).

2. Neuerungen

a) Dauerzulagenantrag

Nach der bisherigen Fassung des § 89 EStG musste der Anleger jährlich einen schriftlichen Antrag auf Zulage bei dem Anbieter seines Altersvorsorgeprodukts einreichen. Dieser erfasste die Daten und übermittelte sie mittels eines Datensatzes im elektronischen Wege an die zentrale Stelle. Dieses Verfahren musste unabhängig davon erfolgen, ob sich an den relevanten Daten im Vergleich zum Vorjahr etwas geändert hatte oder nicht.

Nach der neu eingeführten Regelung des § 89 Abs. 1a EStG besteht nun die Möglichkeit eines Dauerzulagenantrages. Der Zulagenberechtigte kann seinen Anbieter (einmalig) schriftlich bevollmächtigen, für ihn die Zulage zu beantragen. Er ist nur noch verpflichtet, Änderungen der relevanten Daten seinem Anbieter mitzuteilen. Der Anbieter wiederum stellt den Antrag durch Übermittlung eines Datensatzes auf elektronischem Weg. Die Änderung bringt eine wesentliche Vereinfachung mit sich, da die für beide Seiten aufwendige jährliche Antragsstellung in schriftlicher Form (inklusive der nicht zu vermeidenden Fehlerquote bei diesem Verfahren) entfällt[116].

b) „Unisex – Tarife“

Durch eine Änderung des § 1 Abs. 1 Satz 1 Nr.2 Altersvorsorgeverträge-Zertifizierungsgesetz (AltZertG) liegt ein begünstigter Altersvorsorgevertrag nunmehr nur dann vor, wenn sich die aus den Beiträgen ergebende Leistung unabhängig vom Geschlecht ergibt (sog. „Unisex Tarife“). Diese Regelung gilt nach § 8 Abs. 5 AltZertG nicht nur für alle Verträge, die neu zertifiziert werden, sondern auch für bereits zertifizierte Vertragsmuster. Deren Zertifizierung ist durch Bescheid der Zertifizierungsstelle mit Wirkung zum 01.01.06 zu widerrufen, wenn sie nicht den neuen Anforderungen entsprechen bzw. im Jahr 2005 nicht entsprechend angepasst werden. Keinen Einfluss hat die Regelung auf vor dem 01.01.2006 abgeschlossene Altersvorsorgeverträge, diese bleiben unverändert bestehen[117].

Mit dieser Regelung wird eine Gleichmacherei betrieben, die an der Lebenswirklichkeit völlig vorbei geht und die wirtschaftliche Überlegungen gänzlich außer Betracht lässt. Bei den privaten Versicherungsverträgen der Riester – Ren-

---

[116] Risthaus, DB 04, 1383 (1383).
[117] Korn/Srahl, KÖSDI 04, 14360 (14366).

te handelt es sich nicht um Renten aus einer gesetzlichen Zwangsversicherung, bei der sich die Berechnung der Beiträge nicht ausschließlich an wirtschaftlichen Überlegungen orientieren muss. Die privaten Anbieter der Verträge sind gezwungen, die Beiträge nach wirtschaftlichen, d.h. versicherungsmathematischen Grundsätzen zu berechnen. Dabei muss berücksichtigt werden, dass Frauen eine längere durchschnittliche Lebenserwartung als Männer haben. Dies führt dazu, dass bei den momentanen Tarifen gleiche Beiträge bei Männern und Frauen zu unterschiedlichen Rentenbarwerten und damit zu unterschiedlichen monatlichen Rentenzahlungen führen. Darin ist jedoch keine Ungleichbehandlung zu sehen, da Frauen durchschnittlich länger in den Genuss der Rente kommen und daher die Renditen vergleichbar sind.

Da diese Fakten bei der Berechnung der Beiträge fortan außer Betracht gelassen werden müssen, kann dies nur dazu führen, dass die Tarife sich zukünftig an den für die Anbieter ungünstigeren Grundlagen, also der Lebenserwartung von Frauen orientieren. Den Versicherungsgesellschaften verbleibt aufgrund wirtschaftlicher Überlegungen keine andere Alternative. Für die Versicherungsnehmer hat dies zu Folge, dass die Tarife für Männer noch unattraktiver werden. Männer werden fortan die gleichen Beiträge wie Frauen zu zahlen haben, erhalten aufgrund der kürzeren Lebenserwartung aber geringere Renditen. Im Ergebnis wird damit die gesetzgeberische Zielsetzung, die Riester – Rente attraktiver zu machen, konterkariert[118].

c) Abfindung Kleinbetragsrente

Grundsätzlich führen Auszahlungen der Riester-Renten auf andere Weise als nach den Zertifizierungskriterien vorgesehen (z.B. Barabfindung) zum nachträglichen Wegfall der Förderung und zur Rückzahlungsverpflichtung, sog. schädliche Verwendung nach § 93 Abs. 1 EStG. Dies führt dazu, dass zur Vermeidung von Nachteilen auch minimale Renten lebenslang ausgezahlt werden mussten, was aber einen unverhältnismäßigen Aufwand für die Anbieter darstellte[119]. Deshalb wurde in § 93 Abs. 3 EStG die Möglichkeit neu aufgenommen, bestimmte Kleinbetragsrenten durch eine Auszahlung zu Beginn der Auszahlungsphase abzugelten. In Betracht kommt dies für Renten, die bei gleichmäßiger Verrentung des zu Beginn zur Verfügung stehenden Kapitals eine monatliche Rente ergeben, die 1% der monatlichen Bezugsgröße nach § 18 SGB IV nicht übersteigen.

---

[118] vgl. Korn/Strahl, KÖSDI 04, 14360 (14366) ; Risthaus, DB 04, 1383 (1384).
[119] BT-Drucks. 15/2150, 49.

d) Übertragung im Rahmen des Versorgungsausgleichs

Ebenfalls keine schädliche Verwendung liegt nach § 93 Abs. 1a EStG vor, wenn bei der Regelung der Scheidungsfolgen gefördertes Altersvorsorgevermögen von einem Ehegatten auf einen Altersvorsorgevertrag des anderen Ehegatten übertragen wird[120].

e) Einheitlicher Sockelbetrag

In der bisherigen Fassung des § 86 Abs. 1 Satz 4 EStG war vorgesehen, dass für die Ermittlung des Mindesteigenbetrages unterschiedliche Sockelbeträge in Abhängigkeit von der Anzahl der zu gewährenden Kinderzulagen berücksichtigt wurden. Um die Ermittlung des minimalen Eigenbeitrages zu vereinfachen[121], wird ab dem Jahr 2005 ein einheitlicher Sockelbetrag von 60,- € eingeführt.

B. Betriebliche Altersversorgung

Der Systemwechsel zur nachgelagerten Besteuerung von Alterseinkünften hat auch Auswirkungen auf den Bereich der betrieblichen Altersversorgung. Im Bereich der kapitalgedeckten betrieblichen Altersvorsorge wurden die bestehenden fünf Durchführungswege bisher steuerlich teilweise unterschiedlich behandelt. Diese Unterschiede werden durch das AltEinkG für Direktversicherung, Pensionskasse und Pensionsfond weitgehend abgeschafft und durch die nunmehr für alle Durchführungswege mögliche nachgelagerte Besteuerung ersetzt[122].

Zu diesem Zweck werden die Beiträge zur Direktversicherung in die Steuerfreiheit nach § 3 Nr. 63 EStG einbezogen, dafür entfällt jedoch die Möglichkeit der Lohnsteuerpauschalierung nach § 40b EStG. Das Freistellungsvolumen des § 3 Nr. 63 EStG wird für Neufälle um einen Festbetrag von 1.800,- € p.a. erhöht, die Steuerfreiheit wird jedoch insgesamt nur noch gewährt, wenn die Auszahlung der Versorgungsleistungen in Form einer lebenslangen Rente oder aufgrund eines Auszahlungsplanes erfolgt. Die für Neufälle nicht mehr anzuwendende Vervielfältigungsregelung des § 40b EStG für den Fall des Ausscheidens aus dem Dienstverhältnis wird durch eine ähnliche Regelung in § 3 Nr. 63 EStG n.F. ersetzt. Außerdem werden die Möglichkeiten zur Mitnahme von erworbenen Betriebsrentenanwartschaften im Falle des Arbeitgeberwechsels verbessert (sog. Portabilität).

---

[120] Korn/Strahl, KÖSDI 04, 14360 (14366).

[121] BT-Drucks. 15/2150, S. 47.

[122] Niermann, DB 2004, 1449.

1. Durchführungswege der betrieblichen Altersversorgung

Durch das Altersvermögensgesetz[123] bestehen seit dem Jahr 2002 fünf verschiedene Durchführungswege der betrieblichen Altersversorgung, die im Folgenden kurz dargestellt werden. Die Durchführungswege können dabei generell nach den internen Durchführungswegen (Pensionszusage und Unterstützungskasse) sowie den externen Durchführungswegen (Pensionskasse, Pensionsfond und Direktversicherung) unterschieden werden.

a) Pensionszusage

Unter einer Pensionszusage versteht man die unmittelbare Verpflichtung eines Unternehmens, seinem Mitarbeiter oder dessen Hinterbliebenen aus eigenen Mitteln Versorgungsleistungen bei Eintritt des Versorgungsfalles zu erbringen. Aus steuerlicher Sicht ergeben sich bei dieser Durchführung in der Ansparphase lediglich Folgen für den Arbeitgeber, nicht aber für den Arbeitnehmer. Das Unternehmen bildet in der Ansparphase Rückstellungen für die Versorgung seines Arbeitnehmers, die seinen Gewinn mindern[124]. Beim Arbeitnehmer liegt in dieser Phase noch kein steuerpflichtiger Arbeitslohn vor. Die Pensionsleistungen werden bei ihm erst in der Leistungsphase, also nach Eintritt des Versorgungsfalles, besteuert. Bei einer Pensionszusage wurde daher schon bisher die nachgelagerte Besteuerung durchgeführt, Änderungen durch das AltEinkG ergeben sich insoweit nicht.

b) Unterstützungskasse

Nach § 1b Abs. 4 Satz 1 BetrAVG ist eine Unterstützungskasse eine rechtlich selbständige Versorgungseinrichtung, die den Begünstigten keinen Rechtsanspruch auf ihre Leistungen gewährt. Das historisch bedingte Erfordernis des Ausschlusses des Rechtsanspruchs ist für die Unterstützungskasse das konstituierende Merkmal und führt dazu, dass sie nicht der Versicherungsaufsicht unterliegt[125]. Nach der Rechtsprechung des BAG ist die Unterstützungskasse jedoch nicht frei darin, ob sie Leistungen gewährt oder nicht. Nach Auffassung des BAG handelt es sich bei dem Ausschluss des Rechtsanspruchs um ein Widerrufsrecht, das an Treu und Glauben, d.h. an billiges Ermessen, und damit an sachliche Gründe gebunden ist[126]. Die Unterstützungskasse ist meist in der

---

[123] AVmG vom 29.06.2001, BStBl. I 2001, 420.
[124] Ahrend/Förster/Rößler, 2. Teil, RN 96 ff.
[125] Griebeling, RZ 612.
[126] Ahrend/Förster/Rühmann, § 1b BetrAVG RN 67; st. Rspr. des BAG, zuletzt 17.11.1992, DB 1993, 1241.

Rechtsform eines eingetragenen Vereins ausgestaltet und finanziert sich aus den Zuwendungen eines oder mehrerer Trägerunternehmen[127].

Wie bei der Pensionszusage ergeben sich die steuerlichen Auswirkungen in der Ansparphase lediglich beim Arbeitgeber. Er kann die Zuwendungen an die Unterstützungskasse in den Grenzen des § 4d EStG als Betriebsausgaben geltend machen. Beim Arbeitnehmer führen die Zuwendungen an die Unterstützungskasse nicht zum Zufluss von Arbeitslohn, weil dadurch aus steuerlicher Sicht noch kein (rechtswirksamer) Anspruch des Arbeitnehmers gegen die Unterstützungskasse entsteht. Es kommt daher auch hier zur nachgelagerten Besteuerung der Pensionsleistungen in der Leistungsphase.

c) Pensionskasse

Nach der Definition in § 1b Abs. 3 Satz 1 BetrAVG ist die Pensionskasse eine rechtsfähige Versorgungseinrichtung, die in der Rechtform eines Versicherungsvertrages auf Gegenseitigkeit betriebliche Altersversorgung durchführt. Sie gewährt den Arbeitnehmern ihres Trägerunternehmens und deren Hinterbliebenen einen Rechtsanspruch auf die zugesagten Leistungen[128]. Die Finanzierung der Leistungen erfolgt durch die Leistungen des Trägerunternehmens und aus eigenen Vermögenserträgen.

Im Unterschied zu den internen Durchführungswegen besteht bei der Pensionskasse bereits in der Ansparphase ein unmittelbarer Rechtsanspruch des Arbeitnehmers auf die zugesagten Versorgungsleistungen. Damit fließt dem Arbeitnehmer grundsätzlich bereits mit der Beitragsleistung durch den Arbeitgeber steuerpflichtiger Arbeitslohn zu (vorgelagerte Besteuerung). Der Arbeitgeber kann die Leistungen an die Pensionskasse unter den Voraussetzungen des § 4c EStG bei Zahlung als Betriebsausgaben geltend machen. Durch die Vorschrift des § 3 Nr. 63 EStG wird der Arbeitslohn jedoch bis zu einer bestimmten Höhe steuerfrei gestellt, während der Betriebsausgabenabzug erhalten bleibt. Im Gegenzug müssen aber die Rentenleistungen nach § 22 Nr. 5 EStG in der Leistungsphase insoweit voll versteuert werden, als sie auf steuerfrei geleisteten Beiträgen in der Ansparphase beruhen. Insoweit erfolgt also auch hier die nachgelagerte Besteuerung. Übersteigende Rentenleistungen, die auf nicht steuerfrei gestellten Beiträgen beruhen, werden aber lediglich mit dem Ertragsanteil besteuert.

---

[127] Buttler, RN 13.

[128] vgl. Ahrend/Förster/Rühmann, § 1bBetAVG RN 56; Buttler, RN 14.

d) Pensionsfonds

Der Pensionsfonds ähnelt in seiner Struktur und der steuerlichen Behandlung sehr stark der Pensionskasse, so dass diesbezüglich die dortigen Ausführungen entsprechend gelten. Der wesentliche Unterschied zur Pensionskasse besteht darin, dass die Anlagevorschriften beim Pensionsfonds etwas liberaler sind, wodurch unter Umständen eine höhere Rendite erzielt werden kann[129].

e) Direktversicherung

Begrifflich handelt es sich bei der Direktversicherung um eine Lebensversicherung, die der Arbeitgeber für die betriebliche Altersversorgung auf das Leben des Arbeitnehmers abschließt und aus der der Arbeitnehmer oder seine Hinterbliebenen bezugsberechtigt sind, § 1b Abs. 2 BetrAVG. Versicherungsnehmer und Schuldner der Versicherungsbeiträge ist der Arbeitgeber, wobei im Innenverhältnis auch der Arbeitnehmer die Beiträge tragen kann[130], sei es durch Entgeltumwandlung oder durch Eigenbeiträge des Arbeitnehmers, § 1 Abs. 2 Nr.4 BetrAVG[131].

Steuerlich stellen die Versicherungsbeiträge, soweit sie der Arbeitgeber leistet, im Zeitpunkt der Zahlung steuerpflichtigen Arbeitslohn dar. Anders als die Beiträge zur Pensionskasse oder zum Pensionsfonds sind die Beiträge zur Direktversicherung nach bisherigem Recht aber nicht nach § 3 Nr. 63 EStG a.F. steuerfrei[132]. Diese Versicherungen wurden daher vorgelagert besteuert.

2. Änderungen des § 3 Nr. 63 EStG

Für den Bereich der kapitalgedeckten betrieblichen Altersversorgung ergeben sich durch das AltEinkG Neuerungen vor allem durch die Änderung des § 3 Nr. 63 EStG, die im Folgenden einzeln dargestellt werden.

a) Einbeziehung der Direktversicherung

Wie oben kurz dargestellt, waren die Beiträge zu Direktversicherungen nach der bisherigen gesetzlichen Regelung nicht steuerfrei gestellt. Durch die Neufassung des § 3 Nr. 63 EStG im Rahmen des AltEinkG werden nunmehr auch diese Beiträge unter den entsprechenden Voraussetzungen steuerfrei gestellt und damit die steuerlichen Rahmenbedingungen im Bereich der kapitalgedeckten betrieblichen Altersversorgung für die Durchführungswege Pensionsfonds, Pensionskas-

[129] Buttler, RN 15.
[130] Griebeling, RN 573, 574.
[131] Seifert, Gestaltende Steuerberatung 04, 480.
[132] Zur Systemwidrigkeit dieser Regelung vgl. Welker, 108.

se und Direktversicherung vereinheitlicht[133]. Im Gegenzug werden dafür aber ab 2005 die Zahlungen aus der Versicherung nach § 22 Nr. 5 EStG besteuert (nachgelagerte Besteuerung).

b) Modifikation der Voraussetzungen der Steuerfreiheit

Die Steuerfreiheit nach § 3 Nr. 63 EStG wird ab 2005 auf solche Versorgungszusagen beschränkt, die eine lebenslange Altersversorgung gewährleisen. Die Auszahlung kann in Form einer lebenslangen Rente oder eines Auszahlungsplanes mit Restverrentung ab dem 85. Lebensjahr i.S.d. § 1 Abs. 1 Satz 1 Nr. 4 Altersvorsorge-Zertifizierungsgesetzes erfolgen. Danach kann auch vereinbart werden, dass bis zu zwölf Monatsleistungen in einer Auszahlung zusammengefasst oder dass 30% des zu Beginn der Auszahlung verfügbaren Kapitals in einer Summe ausgezahlt werden. Alleine das Wahlrecht, zu Beginn der Leistungsphase anstelle der lebenslangen Alterversorgungsleistungen die Kapitalauszahlung zu wählen, führt noch nicht zu einer Steuerpflicht der Beiträge. Wird das Wahlrecht jedoch zu Gunsten der Kapitalauszahlung ausgeübt, führt dies zur Steuerpflicht des Auszahlungsbetrages nach § 22 Nr. 5 EStG.

Außerdem wurde in § 3 Nr. 63 Satz 1 EStG klargestellt, dass ausschließlich Beiträge zu einer kapitalgedeckten betrieblichen Altersvorsorge steuerfrei sind. Für den Pensionsfonds und die Pensionskasse tritt diese Regelung rückwirkend zum 01.01.2002 in Kraft[134]. Dadurch erfolgt lediglich eine Klarstellung der bereits bestehenden Rechtslage aus Gründen der Rechtssicherheit und Rechtsklarheit[135]. Eine Steuerfreiheit besteht damit nicht für Beiträge, die vom Arbeitgeber im Rahmen eines sog. Umlageverfahrens an eine Versorgungseinrichtung entrichtet werden. Erhebt der Arbeitgeber sowohl Umlagen als auch Beiträge im Kapitaldeckungsverfahren, so sind diese Beiträge nur dann steuerfrei, wenn eine getrennte Verwaltung und Erfassung beider Vermögensmassen erfolgt (Trennungsprinzip)[136].

c) Erhöhung des Abzugsbetrages

Nach der bisherigen Fassung des § 3 Nr. 63 EStG waren Aufwendungen bis maximal zu einem Betrag von 4% der Beitragsbemessungsgrenze in der gesetzlichen Rentenversicherung für Arbeiter und Angestellte steuerfrei. Dieser Höchstbetrag wurde durch das AltEinkG um einen Fixbetrag von 1.800,- € pro

---

133 vgl. BT-Drucks. 15/2150, S. 32; Wellisch/Näth, BB 05, 18.
134 Art. 18 Abs. 1 AltEinkG.
135 BT-Drucks. 15/2150, 56.
136 vgl. BMF vom 17.11.2004, RZ 170; Niermann, DB 04, 1449.

Jahr erhöht, § 3 Nr. 63 Satz 3 EStG. Dieser Betrag entspricht geglättet dem Höchstbetrag für die Lohnsteuerpauschalierung nach § 40b EStG a.F. Auf diesem Weg wird ein Ausgleich dafür geschaffen, dass nach der Neuregelung eine Lohnsteuerpauschalierung im Bereich der kapitalgedeckten betrieblichen Altersversorgung nicht mehr möglich ist[137].

Dieser Aufstockungsbetrag ist jedoch nur für Versorgungszusagen, die nach dem 31.12.2004 erteilt wurden (Neuzusagen), anwendbar. Ob eine Versorgungszusage vor dem 01.01.2005 erteilt wurde (Altzusage) oder ob eine Neuzusage vorliegt, entscheidet sich grundsätzlich danach, wann die zu einem Rechtsanspruch führende arbeitsrechtliche bzw. betriebsrentenrechtliche Verpflichtungserklärung des Arbeitgebers erfolgte (z.B. Einzelvertrag, Betriebsvereinbarung oder Tarifvertrag). Entscheidend ist hingegen nicht, wann Mittel in die Versorgungseinrichtung fließen[138].

Weiterhin wird durch den Wegfall des Wortes „insgesamt" in § 3 Nr. 63 EStG erreicht, dass im Falle eines Arbeitgeberwechsels von der arbeitnehmer- auf die arbeitgeberbezogene Betrachtung übergegangen wird[139]. Bisher konnte ein Arbeitnehmer, der im Laufe eines Kalenderjahres seinen Arbeitgeber wechselte, nur einmal steuerfreie Beträge bis zu der in § 3 Nr. 63 EStG angegebenen Höhe beziehen. Nach der Neuregelung können beide Arbeitgeber jeweils steuerfreie Leistungen in der zulässigen Höhe erbringen, so dass der Arbeitnehmer den Höchstbetrag maximal doppelt nutzen kann. Dadurch wird die Handhabung im Falle eines Arbeitgeberwechsels wesentlich vereinfacht, da die Bescheinigung der steuerfreien Beträge auf der Lohnsteuerkarte entfällt[140].

d) Vervielfältigungsregelung

Die Regelung des § 3 Nr. 63 EStG wurde in Satz 4 um eine Vervielfältigungsregelung im Falle der Beendigung eines Dienstverhältnisses ergänzt. Werden Versorgungsbeiträge aus Anlass der Beendigung eines Dienstverhältnisses erbracht, so können höhere Beiträge steuerfrei geleistet werden. Dabei gilt als wichtiges Indiz für den ursächlichen Zusammenhang die zeitliche Nähe zwischen Leistung des Beitrages und Ausscheiden aus dem Dienstverhältnis[141]. Nach der Gesetzes-

---

[137] Seifert, Gestaltende Steuerberatung 04, 480 (485); zur Änderung des § 40b EStG vgl. unten V. B. 3).

[138] BMF vom 17.11.2004, RN 202.

[139] BT-Drucks. 15/2150, 32.

[140] Niermann, DB 04, 1449 (1451).

[141] Niermann, DB 04, 1449 (1452).

begründung wird mit dieser Regelung eine Möglichkeit eröffnet, Abfindungszahlungen und Wertguthaben aus Arbeitszeitkonten steuerfrei für die betriebliche Altersversorgung zu nutzen[142].

Zur Ermittlung des maßgebenden Höchstbetrages wird zunächst der Betrag von 1.800,- € vervielfältigt mit der Zahl der Jahre, in denen das Dienstverhältnis bestand. Der sich danach ergebende Betrag wird gekürzt um die Summe der Beträge, die im Jahr der Beendigung des Dienstverhältnisses und den sechs vorausgehenden Jahren vom Arbeitgeber steuerfrei erbracht wurden. Dabei sind jeweils die Kalenderjahre vor 2005 nicht zu berücksichtigen. Die Regelung dient als Ersatz für den Wegfall der Vervielfältigungsregelung nach § 40b EStG[143]. Sie kann nur angewendet werden, wenn nicht gleichzeitig die Vervielfältigungsregelung des § 40b Abs. 2 EStG a.F. angewandt wird. Dies ist dann der Fall, wenn bei Altzusagen entsprechend der Übergangsregelung des § 52 Abs. 6 EStG bis zum 30.06.2005 auf die Steuerfreiheit nach § 3 Nr. 63 EStG verzichtet wurde oder bei einem späteren Arbeitgeberwechsel bis zur ersten Beitragszahlung verzichtet wird.

3. Änderung des § 40b EStG

Nach den Änderungen durch das AltEinkG ist § 40b EStG bei Neuzusagen nur noch auf umlagefinanzierte Pensionskassen, wie zum Beispiel die Versorgungsanstalt des Bundes und der Länder (VBL), anwendbar. Hinsichtlich der Anwendung auf Altzusagen ist bezüglich der verschiedenen Durchführungswege zu differenzieren. Eine Anwendung auf Pensionsfonds kommt nach alter wie nach neuer Regelung nicht in Betracht. Hinsichtlich der kapitalgedeckten Pensionskassen und Direktversicherungen kommt es darauf an, ob diese die Voraussetzungen des § 3 Nr. 63 EStG n.F. erfüllen. Falls dies nicht der Fall ist, bleibt § 40b EStG anwendbar, ohne dass es dafür eines gesonderten Antrages bedarf[144]. Erfüllen die Altzusagen hingegen die Voraussetzungen des § 3 Nr. 63 EStG n.F., so ist § 40b EStG weiterhin anwendbar, wenn entsprechend der Übergangsregelung des § 52 Abs. 6 und § 52a EStG auf die Steuerfreiheit nach § 3 Nr. 63 EStG verzichtet wurde oder im Falle des Arbeitgeberwechsels verzichtet wird[145].

---

[142] BT-Drucks. 15/2150, 33.
[143] Maute, GmbHR 04, 1198 (1199), zur Änderung bei § 40b EStG vgl. unten.
[144] BMF vom 17.11.2004, RZ 205.
[145] Höreth/Schiegl, BB 04, 2101 (2104); Hartmann, Inf 2005, 56 (60).

4. Übertragung von Versorgungsanwartschaften bei Arbeitgeberwechsel (Portabilität)

Ein Kernstück der Änderungen im Bereich der betrieblichen Altersversorgung besteht in der Verbesserung der Mitnahmemöglichkeiten von erworbenen Anwartschaften im Falle eines Arbeitgerberwechsels (sog. Portabilität). Diesbezüglich wurden durch das AltEinkG die arbeitsrechtlichen Regelungen in § 4 BetrAVG wesentlich erweitert und die dort geschaffenen Möglichkeiten durch entsprechende Ergänzungen des EStG steuerlich flankiert. Das AltEinkG trägt damit sowohl den veränderten wirtschaftlichen Rahmenbedingungen und den daraus resultierenden geänderten Erwerbsbiographien als auch dem unbestritten notwendigen Ausbau der zusätzlichen Altersvorsorge Rechnung. Der zentrale Grundgedanke des Gesetzes ist es, alle während des gesamten Arbeitslebens entstehende Ansprüche auf Betriebsrente auf einem betrieblichen Altersvorsorgekonto zu konzentrieren[146].

a) Arbeitsrechtliche Grundlagen, § 4 BetrAVG

Nach dem in § 4 Abs. 1 BetrAVG geregelten Grundsatz sind unverfallbare Versorgungsanwartschaften im Falle eines Arbeitgeberwechsels zum Schutz der Arbeitnehmer und des Pensionssicherungsvereins nicht frei übertragbar[147]. Eine Übertragung ist nur unter den Voraussetzungen der Absätze 2 bis 4 möglich, wobei im Folgenden nur die Fälle der einvernehmlichen Übertragung (Absatz 2) und des Anspruchs des Arbeitnehmers auf Übertragung (Absatz 3) dargestellt werden.

(1) Einvernehmliche Anwartschaftsübertragung

Die einvernehmliche Übertragung einer Versorgungsanwartschaft ist in § 4 Abs. 2 BetrAVG geregelt. Sie setzt ein dreiseitiges Einvernehmen zwischen dem Arbeitnehmer, dem alten und dem neuen Arbeitgeber voraus. Liegt dieses vor, bestehen zwei verschiedene Wege, die Übertragung durchzuführen. Zum einen kann der neue Arbeitgeber die Versorgungszusage vom alten Arbeitgeber übernehmen (§ 4 Abs. 2 Nr. 1 BetrAVG). In diesem Fall übernimmt der neue Arbeitgeber die Versorgungszusage im Weg der befreienden Schuldübernahme nach §§ 414, 415 BGB mit unverändertem Leistungsinhalt. Er kann zur Erfüllung der Verpflichtung einen anderen Durchführungsweg wählen, allerdings nur soweit dadurch der Inhalt der Zusage nicht geändert wird. Dieser Weg dürfte

---

146 BT-Drucks. 15/2150, 51.

147 Förster/Cisch, BB 04, 2126; Schnitker/Grau, NJW 05, 10 (11).

daher in der Praxis nur bei einem Arbeitgeberwechsel innerhalb eines Konzerns interessant sein[148].

Alternativ zur Übertragung der Versorgungsanwartschaft insgesamt besteht nach dem neu eingeführten § 4 Abs. 2 Nr. 2 BetrAVG die Möglichkeit, im allseitigen Einvernehmen nicht die Zusage selbst, sondern nur deren „Übertragungswert" auf den neuen Arbeitgeber zu übertragen. Dieser besteht nach § 4 Abs. 5 BetrAVG in dem versicherungsmathematischen Barwert der Versorgungszusage. Hierbei ist der neue Arbeitgeber – anders als bei der Übertragung nach Ziff. 1 – an die Ausgestaltung der alten Zusage nicht gebunden, er kann völlig frei entscheiden, in welchem Leistungsplan er den Übertragungswert verwenden möchte[149]. Nach dem Wortlaut des § 4 Abs. 2 Nr. 2 letzter HS BetrAVG gelten für die neue Zusage die Regelungen über die Entgeltumwandlung entsprechend. Das bedeutet vor allem, dass die Zusage nach § 1b Abs. 5 BetrAVG analog sofort unverfallbar und damit insolvenzgeschützt ist. Der alte Arbeitgeber wird durch die vollständige Übertragung von seiner Verpflichtung freigestellt, seine Zusage erlischt nach § 4 Abs. 6 BetrAVG.

(2) Recht des Arbeitnehmers auf Übertragung

Durch das AltEinkG wurde die völlig neue Regelung des § 4 Abs. 3 BetrAVG eingeführt, die dem Arbeitnehmer für nach dem 01.01.2005 erteilte Zusagen (§ 30b BetrAVG) einen Anspruch auf die Übertragung seiner Versorgungsanwartschaft einräumt[150]. Bisher gab es einen solchen Anspruch nur in Systemen mit Entgeltumwandlung, § 4 Abs. 4 BetrAVG a.F. Der Anspruch des Arbeitnehmers ist jedoch bestimmten Beschränkungen unterworfen. So ist zunächst Voraussetzung, dass die betriebliche Altersvorsorge beim bisherigen Arbeitgeber über einen externen Durchführungsweg (Pensionsfonds, Pensionskasse, Direktversicherung) ausgestaltet war. Außerdem darf der Übertragungswert die Beitragsbemessungsgrenze in der gesetzlichen Rentenversicherung nicht übersteigen. Weiterhin muss der Übertragungsanspruch innerhalb eines Jahres nach Beendigung des Arbeitsverhältnisses gegenüber dem bisherigen Arbeitgeber geltend gemacht werden. Diese Einschränkungen sollen verhindern, dass die beteiligten Arbeitgeber sowie deren Versorgungseinrichtungen überfordert werden[151].

---

[148] Schnitker/Grau, NJW 05, 10 (11).
[149] Förster/Cisch, BB 04, 2126.
[150] Höfer, DB 04, 1426 (1427).
[151] BT-Drucks. 15/2150, 53.

Sofern die geschilderten Voraussetzungen vorliegen, kann der Arbeitnehmer von seinem alten Arbeitgeber bzw. dessen Versorgungsträger die Übertragung des Barwertes der Anwartschaft auf den neuen Arbeitgeber verlangen. Eine Übertragung ist aber nur insgesamt möglich, eine teilweise Übertragung scheidet auch dann aus, wenn beispielsweise die Voraussetzungen deshalb nicht vorliegen, weil der Barwert der Zusage die Beitragsbemessungsgrenze überschreitet. Die Möglichkeit der Aufteilung würde der Zielsetzung der Gesetzesänderung widersprechen, Anwartschaften zu bündeln und nicht weiter aufzuteilen[152].

Korrespondierend zum Übertragungsanspruch des Arbeitnehmers hat der neue Arbeitgeber nach § 4 Abs. 4 S. 3 BetrAVG die Pflicht, eine wertgleiche Versorgungszusage zu erteilen. Er kann dabei zwischen den externen Durchführungswegen wählen und den konkreten Versorgungsträger als seinen Vertragspartner frei bestimmen[153]. Er kann das Kapital aber nicht in einen internen Durchführungsweg überführen, da hierdurch die anschließende Übertragung nach § 4 Abs. 3 BetrAVG bei einem erneuten Arbeitgeberwechsel ausgeschlossen wäre. Auch dies würde dem Grundgedanken der Portabilität widersprechen[154]. Ebenso wie bei der einvernehmlichen Übertragung ist auch die in diesem Fall erteilte Neuzusage direkt unverfallbar und damit insolvenzgeschützt.

b) Steuerliche Flankierung, § 3 Nr. 55 EStG

Durch die neu eingeführte Regelung des § 3 Nr. 55 EStG wird in bestimmten Fällen sichergestellt, dass keine steuerlichen Folgen aus der Übertragung einer Versorgungsanwartschaft nach § 4 Abs. 2 Nr. 2 oder Abs. 3 BetrAVG gezogen werden. Ob die Übertragung steuerlich begünstigt ist bzw. ohne Folgen bleibt, hängt von den Durchführungswegen der betrieblichen Altersversorgung beim alten und beim neuen Arbeitgeber ab. Im Folgenden werden daher die steuerlichen Folgen der verschiedenen denkbaren Varianten dargestellt.

(1) Übertragung von „extern“ auf „extern“

Eine Übertragung von einem externen Durchführungsweg (Pensionskasse, Pensionsfonds, Direktversicherung) beim alten Arbeitgeber auf eine Einrichtung mit externem Durchführungsweg beim neuen Arbeitgeber fällt unter die Steuerfreiheit nach § 3 Nr. 55 Satz 1 EStG. Es fällt daher kein steuerpflichtiger Arbeitslohn an. Um eine Rückabwicklung der steuerlichen Behandlung beim bisherigen

---

[152] BT-Drucks. 15/2150, 53.
[153] Schnitker/Grau, NJW 05, 10 (12).
[154] BT-Drucks. 15/2150, 53.

Arbeitgeber zu verhindern[155], wird außerdem festgelegt, dass die später auf diesem Übertragungswert beruhenden Leistungen so besteuert werden als ob die Übertragung nicht stattgefunden hätte, § 3 Nr. 55 Satz 3 EStG. Für ihre steuerliche Behandlung bleibt daher die steuerliche Behandlung der Beiträge vor der Übertragung maßgebend.

(2) Übertragung von „intern" auf „intern"

Die Übertragung der Anwartschaft ist nach § 3 Nr. 55 Satz 2 EStG auch dann steuerfrei, wenn die Altersversorgung sowohl beim alten als auch beim neuen Arbeitgeber in einem internen Durchführungsweg (Direktzusage, Unterstützungskasse) ausgestaltet war. Eine solche Übertragung kann zwar nicht nach § 4 Abs. 3 BetrAVG, wohl aber nach § 4 Abs. 2 Nr. 2 BetrAVG erfolgen. Für die Besteuerung der Leistungen bleibt auch in diesem Fall die steuerliche Behandlung der Beiträge vor der Übertragung maßgebend. Es verbleibt also bei einer vollen Besteuerung der Leistungen als Versorgungsbezüge nach § 19 Abs. 2 EStG als ob die Übertragung nicht stattgefunden hätte.

(3) Übertragung von „extern" auf „intern"

Die Steuerfreiheit des § 3 Nr. 55 EStG greift nach dem Gesetzeswortlaut nicht, wenn die Anwartschaft von einem externen Versorgungsträger beim alten Arbeitgeber auf eine Direktzusage oder eine Unterstützungskasse beim neuen Arbeitgeber übertragen wird. In diesen Fällen ist für die Frage der steuerlichen Behandlung der Zahlung des externen Versorgungsträgers an den neuen Arbeitgeber oder die Unterstützungskasse danach zu unterscheiden, worauf die Zahlung beruht. Ergibt sich der Übertragungswert ausschließlich aus versteuerten Beiträgen, hat die Zahlung an den neuen Arbeitgeber keine lohnsteuerlichen Folgen, da sie aus versteuertem Einkommen resultiert. Beruht die Anwartschaft auf nach § 3 Nr. 63 EStG steuerfreien Beiträgen, ist die Zahlung an den neuen Arbeitgeber oder die Unterstützungskasse nach § 22 Nr. 5 EStG steuerpflichtig. In Mischfällen ist dementsprechend die Zahlung in einen steuerpflichtigen und einen steuerfreien Anteil aufzuteilen[156]. Die späteren Betriebsrenten werden, soweit sie auf den Übertragungswert zurückzuführen sind, nur mit dem Ertragsanteil besteuert[157].

[155] BT-Drucks. 15/2150, 32.
[156] vgl. Niermann, DB 04, 1449 (1457).
[157] vgl. Wellisch/Näth, BB 05, 18 (26).

(4) Übertragung von „intern" auf „extern"

§ 3 Nr. 55 EStG findet auch dann keine Anwendung, wenn der alte Arbeitgeber eine Direktzusage erteilt hatte oder die betriebliche Altersversorgung über eine Unterstützungskasse ausgestaltet war und die Übertragung auf einen externen Durchführungsweg erfolgt. In diesem Fall finden die allgemeinen Besteuerungsregeln Anwendung. Dies bedeutet, dass die Zahlungen im Rahmen der neuen Vervielfältigungsregelung des § 3 Nr. 63 Satz 4 EStG steuerfrei übertragen werden können. Übersteigende Beträge sind hingegen nach den individuellen Merkmalen zu versteuern. Dabei kommt bei Einmalzahlungen die Anwendung der Fünftelregelung des § 34 EStG in Betracht. Bei Zahlungen an eine umlagefinanzierte Pensionskasse oder bei Anwendung der Übergangregelung ist die Vervielfältigungsregelung des § 40b Abs. 2 Sätze 3 und 4 EStG anwendbar[158]. Die späteren Betriebsrenten unterliegen der vollen (nachgelagerten) Besteuerung, soweit sie auf dem steuerfreien Übertragungswert beruhen. Soweit sie aus einem steuerpflichtigen Übertragungswert resultieren, werden sie mit dem Ertragsanteil besteuert[159].

---

[158] vgl. Niermann, DB 04, 1449 (1457).
[159] vgl. Wellisch/Näth, BB 05, 18 (25).

VI. Regelungen für Kapitalanlageprodukte (3. Schicht)

Die dritte Schicht des neu entwickelten 3-Schichten-Modell besteht aus sonstigen privaten Kapitalanlageprodukten, die nicht den anderen Schichten zugeordnet werden können. Bei Aufwendungen für diese Produkte handelt es sich um steuerlich nicht zu begünstigende Vermögensumschichtungen, für die eine steuerliche Abziehbarkeit in der Ansparphase weder verfassungsrechtlich noch steuersystematisch geboten ist[160]. Demzufolge ergeben sich durch das Alt- EinkG Änderungen beim bisherigen „Lebensversicherungsprivileg". Außerdem wurden die vor allem in diesem Bereich weiterhin benötigten Ertragsanteile geändert.

A. Einschränkung des Lebensversicherungsprivilegs

Nach der bisherigen Regelung des § 20 Abs. 1 Nr. 6 EStG waren Zinsen aus Rentenversicherungen ohne Kapitalwahlrecht, Rentenversicherungen mit Kapitalwahlrecht und Kapitalversicherungen gegen laufende Beitragsleistung mit Sparanteil steuerfrei. Die Beiträge zu solchen Versicherungen waren als Sonderausgaben abziehbar. Diese Regelung gilt auch weiterhin für Verträge, die vor dem 01.01.2005 abgeschlossen wurden, § 52 Abs. 36 Satz 5 EStG.

Versicherungen dieser Art dienen zwar nach der Ansicht der Rürup-Kommission auch der Altersvorsorge, der Charakter eines Vermögensanlageprodukts überwiegt jedoch, so dass eine steuerliche Förderung nicht in Betracht kommt. Nach der Neufassung des § 20 Abs. 1 Nr. 6 EStG wird für Neuverträge der Unterschiedsbetrag zwischen der Versicherungsleistung und der Summe der „auf sie entrichteten Beiträge" als Ertrag besteuert. Durch diese Formulierung werden Beitragsteile für abgesicherte Zusatzrisiken, wie z.B. für Berufsunfähigkeit, nicht steuermindernd berücksichtigt[161]. Die Regelung gilt allerdings nur für Fälle der Kapitalauszahlung, also für reine Kapitallebensversicherungen und für Rentenversicherungen mit Kapitalwahlrecht, bei denen der Versicherungsnehmer die Kapitalauszahlung wählt[162]. Für Rentenversicherungen wird die (volle) nachgelagerte Besteuerung nur durchgeführt, wenn sie die Voraussetzungen der Rürup-Rente erfüllen, ansonsten erfolgt die Besteuerung lediglich mit dem Ertragsanteil[163]. Inwieweit diese Regelung verfassungsgemäß ist, wird später näher untersucht.

---

[160] Rürup – Kommission, 27.
[161] Korn/Strahl, KÖSDI 04, 14360 (14368).
[162] Risthaus, BB 04, 1329 (1339).
[163] Korn/Strahl, KÖSDI 04, 14360 (14368).

Die Besteuerung nach § 20 Abs. 1 Nr. 6 EStG erfasst allerdings lediglich Kapitalauszahlungen im Erlebensfall. Außerdem wird nur die Hälfte der Erträge besteuert, wenn die Versicherungsleistungen nach Vollendung des 60. Lebensjahres und nach Ablauf von 12 Jahren seit dem Vertragsabschluss erfolgen, § 20 Abs. 1 Nr. 6 Satz 2 EStG.

B. Senkung Ertragsanteile

Sofern auch nach der Neuregelung in den o.g. Fällen die Ertragsanteilsbesteuerung durchzuführen ist, erfolgt diese mit gesenkten Ertragsanteilen. Die Absenkung beruht auf einem zugrunde liegenden Diskontierungsfaktor, bei dessen Ermittlung typisierend eine Verzinsung von 3% p.a. unterstellt wurde. Der Diskontierungsfaktor war in der Vergangenheit mehrfach erhöht worden, um auf die zu niedrige Besteuerung von Sozialversicherungsrenten zu reagieren. Nachdem diese nun nicht mehr mit dem Ertragsanteil besteuert werden, kann für die Ertragsanteilsbesteuerung nunmehr ein zutreffender niedrigerer Zinssatz unterstellt werden[164]. Mit den Ertragsanteilen werden nach wie vor lediglich die Zinsanteile in der Auszahlungsphase, nicht aber die in der Ansparphase angefallenen Zinsen erfasst[165].

---

[164] BT-Drucks. 15/2150, 42.
[165] Risthaus, BB 04, 1329 (1334).

VII. Verfassungsmäßigkeit der Regelungen

In der steuerrechtlichen Literatur wurde schon unmittelbar nach Verabschiedung des AltEinkG hinsichtlich verschiedener Einzelregelungen angezweifelt, ob diese mit dem Grundgesetz vereinbar seien. So führt *Risthaus*[166] aus, dass die volle nachgelagerte Besteuerung der Leibrenten unabhängig von der Frage des vorherigen Sonderausgabenabzugs zu einer unzulässigen Doppelbelastung führe. Weiterhin ist nach ihrer und der Auffassung von *Kratzsch*[167] zumindest fraglich, ob die unterschiedliche Behandlung der Rentenversicherungen der 3. Schicht und der Rürup- bzw. Sozialversicherungsrenten zulässig ist und ob eine Doppelbesteuerung in der Übergangsphase tatsächlich vermieden wird. Zahlreiche weitere Autoren[168] sehen hier das Vorliegen einer Doppelbesteuerung eindeutig als gegeben an. Nach Auffassung von *Neufang*[169] und *Flore*[170] ist die Zuordnung der Vorsorgeaufwendungen zu den Sonderausgaben verfassungsrechtlich höchst bedenklich. Darüber hinaus sei die Begrenzung deren Abzugsfähigkeit der Höhe nach schlicht verfassungswidrig, da es insoweit zu einer Doppelbesteuerung käme[171]. *Neufang* ist außerdem der Ansicht, dass der Höchstbetrag für die Abzugsfähigkeit sonstiger Vorsorgeaufwendungen aus verfassungsrechtlicher Sicht zu niedrig bemessen ist.

Alle genannten Autoren gehen daher davon aus, dass gegen einzelne Regelungen des Alterseinkünftegesetzes Verfassungsbeschwerden eingelegt werden und der Streit um eine verfassungsgemäße Ausgestaltung der Rentenbesteuerung damit weitergeht. Teilweise wird „der Weg nach Karlsruhe“ als „zwangsläufige Konsequenz“ angesehen[172].

Entsprechende Verfahren ließen auch nicht lange auf sich warten, so dass sogar für Altjahre Verfahren mit dem Ziel des Werbungskostenabzugs für Altersvorsorgeaufwendungen angestrengt wurden[173]. Hier stellt sich jedoch das zusätzliche Problem, dass das BVerfG eine Fortgeltung des bisherigen Rechts bis zum 01.01.05 für zulässig erklärt hat, so dass die zu diskutierenden Fragen der Ver-

---

166 Risthaus, BB 04, 1383 (1387).
167 Kratzsch, StB 04, 406.
168 Ruland, NJW – Editorial, Heft 1-2/2005; Welling/Schnittker, FR 04, 1353 (1355); Hey, DRV 04, 1; Flore, AnwBl 04, 343; Brall/Bruno-Latocha/Lohmann, DRV 04, 409 (411)
169 Neufang, Stbg 04, 551 (555).
170 Flore, AnwBl 04, 343.
171 das gleiche Problem sehen Preißer/Sieben, 24.
172 Neufang, Stbg 04, 551 (555).
173 hierzu noch anhängige Verfahren beim BFH unter AZ: X R 45/02 und X R 11/05.

fassungsmäßigkeit einzelner Regelungen hier (noch) nicht entscheidungserheblich sein können. Entsprechend hat der BFH in einer rechtskräftigen Entscheidung zu dieser Frage auch entschieden.[174].

All dies gibt Anlass genug, sich eingehend mit den aufgeworfenen verfassungsrechtlichen Fragen zu befassen. Ausgangspunkt der Betrachtung soll dabei die schon mehrfach zitierte Rentenentscheidung des BVerfG[175] sein, denn dort werden dem Gesetzgeber im letzten Absatz sehr klare Vorgaben hinsichtlich der zu erfolgenden Neuregelung mit auf den Weg gegeben. Der entscheidenden Aussagen lauten:

> *„Aufgabe des Gesetzgebers wird es sein, sich vor dem Hintergrund des breiten Spektrums der seit langem aufbereiteten Reformalternativen für ein Lösungsmodell zu entscheiden und dieses folgerichtig auszugestalten. Sowohl bei den weichenstellenden Grundentscheidungen als auch im Hinblick auf Art und Maß der vertrauensschützenden Übergangsregelungen ist der weite gesetzgeberische Gestaltungsspielraum nicht unbegrenzt. In jedem Fall sind die Besteuerung von Vorsorgeaufwendungen für die Alterssicherung und die Besteuerung von Bezügen aus dem Ergebnis der Vorsorgeaufwendungen so aufeinander abzustimmen, dass eine doppelte Besteuerung vermieden wird. Insoweit wird der Gesetzgeber sich an ökonomisch sachverständigen Berechnungen (...) orientieren können. Im Übrigen ist auch für die Abwägung zwischen den Erfordernissen folgerichtiger Ausrichtung der Einkommensbesteuerung an der wirtschaftlichen Leistungsfähigkeit der Steuerpflichtigen und den Notwendigkeiten einfacher, praktikabler und gesamtwirtschaftlich tragfähiger Lösungen ein weiter gesetzgeberischer Entscheidungsspielraum eröffnet."*

Das BVerfG erwähnt damit einige im Zusammenhang mit der Verfassungsmäßigkeit von Steuergesetzen seit langem angewendete oder zumindest diskutierte Grundprinzipien. Es legt außerdem fest, inwieweit diese Prinzipien definitiv Anwendung finden müssen und wo bei entsprechender Rechtfertigung Abstriche oder Einschränkungen möglich sind. Im ersten Satz wird das Prinzip der Folgerichtigkeit von Steuergesetzen betont, welches in jedem Fall zu befolgen ist. Ebenso verpflichtend ist die Befolgung des Verbotes der Doppelbesteuerung sowohl bei der Regelung im Zielstatus als auch in der Übergangsregelung. Ob in

---

[174] vgl. BFH vom 21.07.04, DStRE 05, 574 (576).
[175] BVerfGE 105, 73 (134 f.).

der Aussage, dass die Besteuerung von Bezügen und Vorsorgeaufwendungen *„aufeinander abzustimmen"* sei, ein Votum des Gerichts für das im Steuerrecht umstrittene Korrespondenzprinzip zu sehen ist, wird später ausführlich diskutiert. Ebenfalls zu beachten ist das Prinzip der Besteuerung nach der Leistungsfähigkeit, wobei hiervon Einschränkungen im Interesse einer *„einfachen, praktikablen und gesamtwirtschaftlich tragfähigen Lösung"* möglich sind.

Im Rahmen der nun folgenden Ausführungen werden daher zunächst die angesprochenen Prinzipien dargestellt bzw. diskutiert. Hinzu kommt der vom BVerfG nicht nochmals angesprochene, in jedem Fall aber relevante Grundsatz der Steuergerechtigkeit als Teil des Leistungsfähigkeitsprinzips. Davon ausgehend wird dann überprüft, ob bei den durch das AltEinkG erfolgten Neuregelungen diese Grundsätze beachtet und damit den Vorgaben des BVerfG hinreichend Rechnung getragen wurde.

A. Verfassungsrechtliche Prinzipien des Steuerrechts

Seit dem späten 19. Jahrhundert finden sich in einigen Verfassungen Europas[176] Regelungen zur Frage der inhaltlichen (gerechten) Ausgestaltung von Steuergesetzen. Diese Regelungstradition wurde noch in der Weimarer Reichverfassung fortgeführt. Art. 134 WRV begründete einen speziellen, den allgemeinen Gleichheitssatz des Art. 109 WRV für das Steuerrecht verdeutlichenden Gleichheitssatz: *„Alle Staatsbürger ohne Unterschied tragen im Verhältnis ihrer Mittel zu allen öffentlichen Lasten nach Maßgabe der Gesetze bei."* Einen vergleichbaren Artikel sucht man im Grundgesetz aber vergeblich, dort sind lediglich Regelungen zur Gesetzgebungs-, Ertrags- und Verwaltungshoheit getroffen. Beurteilungsmaßstab für die materielle Verfassungsmäßigkeit von Steuergesetzen sind daher die allgemeinen Grundrechte und dort vor allem der allgemeine Gleichheitssatz nach Art. 3 Abs. 1 GG.

Der allgemeine Gleichheitssatz ist verletzt, wenn der Staat eine Gruppe von Normadressaten im Vergleich zu anderen Normadressaten anders behandelt, obwohl zwischen beiden Gruppen keine Unterschiede von solcher Art und solchem Gewicht bestehen, dass sie die ungleiche Behandlung rechtfertigen könnten („neue Formel")[177]. Dabei ist der Gleichheitssatz bereichsspezifisch anzuwenden[178]. Die im Folgenden dargestellten Grundsätze stellen im Wesentlichen

---

[176] vgl. im einzelnen die Zusammenstellung in BVerfGE 84, 239 (269).
[177] st. Rspr. des BVerfG, vgl. z.B. BVerfGE 55, 72 (88).
[178] st. Rspr. des BVerfG, vgl. z.B. BVerfGE 75, 108 (157); 76, 256 (329); 78, 249 (287).

die konkrete Ausgestaltung dieses Grundsatzes für das Steuerrecht dar. Auf die teilweise ergänzend heranzuziehenden Grundrechte und Verfassungsprinzipien wird an den entsprechenden Stellen näher eingegangen.

1. Wirtschaftliche Leistungsfähigkeit

Die Frage nach der Verfassungsmäßigkeit von Steuergesetzgebung ist in erster Linie mit dem Begriff der Besteuerung nach der individuellen wirtschaftlichen Leistungsfähigkeit verbunden. Diese ist der bereichsspezifische Maßstab des allgemeinen Gleichheitssatzes[179] und stellt nach ständiger Rechtsprechung des BVerfG ein grundsätzliches Gebot der Steuergerechtigkeit dar[180]. Gleichheit im Steuerrecht heißt danach unterschiedliche Belastung je nach individueller wirtschaftlicher Leistungsfähigkeit[181].

a) Nettoprinzip

Für den Bereich des Einkommensteuerrechts wird der Grundsatz der Besteuerung nach der Leistungsfähigkeit zunächst weiter konkretisiert durch das Nettoprinzip[182]. Dieses besagt im Grundsatz, dass nur der Teil des Einkommens besteuert werden darf, der dem Steuerpflichtigen für die Steuerzahlung zur Verfügung steht, der für ihn disponibel ist[183]. Dabei lässt sich das Nettoprinzip wiederum in die beiden Unterbereiche des objektiven und subjektiven Nettoprinzips aufteilen[184].

Diese beiden Grundsätze sind im Einkommensteuerrecht einfachgesetzlich normiert in § 2 EStG, wo die Bemessungsgrundlage zweistufig aufgebaut ist. Auf der ersten Stufe (§ 2 Abs. 1 – 3 EStG) werden im Tatbestand („Summe der Einkünfte“) die Einkünfte nach Abzug der hierfür entstandenen Aufwendungen ermittelt (= objektives Nettoprinzip). Auf der zweiten Stufe soll der indisponible, für die Steuerzahlung nicht verfügbare Teil des Einkommens und damit die indisponible Einkommensverwendung in Gestalt privater Abzüge i.S.d. § 2 Abs. 4 und 5 EStG, ausgegrenzt werden[185] (= subjektives Nettoprinzip).

---

[179] BK-Rüfner, Art 3 RN 196 Gröpl, 98.
[180] vgl. z.B. BVerfGE 99, 216.
[181] Birk, Leistungsfähigkeitsprinzip, S. 169; ders. Steuerrecht, RN 153; Kirchhof, StuW 84, 297 (298).
[182] Birk, Steuerrecht, RN 154.
[183] Seer, StuW 96, 323 (332).
[184] vgl. z.B. Söhn, StuW 86, 324; Tipke, STRO II, S. 591 f.
[185] Tipke/Lang, § 4 RN 113.

(1) Objektives Nettoprinzip

Nach dem objektiven Nettoprinzip werden lediglich die Rein- oder Nettoeinkünfte (Gewinn oder Überschuss der Einnahmen über die Werbungskosten) der Einkommensteuer unterworfen. Die Steuer darf nicht an den durch eine Tätigkeit erzielten Einnahmen (Bruttoeinkünften) bemessen werden. Was im Zusammenhang mit dem Betrieb oder Beruf ausgegeben wird, ist für die Steuerzahlung nicht disponibel[186]. Steuerpflichtige Einkünfte dürfen daher lediglich in Höhe der Salden aus positiven und negativen Faktoren vorliegen. Das objektive Nettoprinzip gebietet die uneingeschränkte Berücksichtigung der Erwerbsaufwendungen und folglich auch der Verluste[187]. Dem hat sich auch der Deutsche Juristentag angeschlossen und dazu beschlossen (1988): „Steuerlich zu erfassen sind nur die „Reineinkünfte“, d.h. das Ergebnis der Verwirklichung eines Einkünftetatbestandes nach Berücksichtigung der hierdurch veranlassten Erwerbsaufwendungen (Betriebsausgaben und Werbungskosten)“.[188]

Demgegenüber erkennt das BVerfG wohl an, dass dem Einkommensteuerrecht ein „Prinzip der Nettobesteuerung“ zugrunde liege, lässt jedoch bei Vorliegen gewichtiger Gründe Abweichungen vom objektiven Nettoprinzip zu. In der Entscheidung zur Kilometer- oder Pendlerpauschale vom 02.10.1969 führte das Gericht aus, dass schon das Vorliegen *„sachlich einleuchtender Gründe“* eine Abweichung von dem objektiven Nettoprinzip rechtfertigen würde. Diese Entscheidung ist jedoch vor dem Hintergrund zu sehen, dass das BVerfG vor 1980 einen Verstoß gegen den allgemeinen Gleichheitssatz nach der „Willkürformel“ beurteilte. Der Gleichheitssatz war danach – erst – dann verletzt, wenn sich ein vernünftiger, sich aus der Natur der Sache ergebender oder sonst wie sachlich einleuchtender Grund für die gesetzliche Differenzierung oder Gleichbehandlung nicht finden ließ[189].

Inzwischen gilt jedoch die oben näher beschriebene „neue Formel“, die eine verfassungsrechtliche Abwägung beinhaltet und eine „strenge“ Prüfung der Verhältnismäßigkeit einer Ungleichbehandlung erfordert[190]. Hieraus erklärt sich auch die (schärfere) Formulierung, die das BVerfG z.B. in seiner Entscheidung vom 23.01.1990 (Betriebsausgabenabzug Geldbuße)[191] wählt. Danach ist der

---

[186] Tipke, STRO II, 591.
[187] praktisch einhellige Meinung im Schrifttum, vgl. statt aller Tipke/Lang, § 9 RN 54 m.w.N.
[188] Juristentag, 214.
[189] Sachs – Osterloh, Art 3 RN 8.
[190] Sachs – Osterloh, Art. 3 RN 14.
[191] BVerfGE 81, 228 (237).

Gesetzgeber bei der *„Normierung von Ausnahmen* (erg.: vom objektiven Nettoprinzip) *nicht völlig frei. Insbesondere muss er darauf achten, dass sich die Fälle, in denen er eine betrieblich veranlasste Aufwendung nicht als absetzbare Betriebsausgabe anerkennt, so weitgehend von allen übrigen Fällen unterscheiden, dass diese Verschiedenbehandlung im Hinblick auf den allgemeinen Gleichheitssatz sachlich ausreichend gerechtfertigt ist. Dabei steht ihm allerdings eine weite Beurteilungs- und Gestaltungsfreiheit zu. Außerdem darf er sich – wie stets bei Ordnung von Masseerscheinungen – bei der Ausgestaltung seiner Normen generalisierender, typisierender und pauschalierender Regelungen bedienen."*

Dem ist im Ergebnis zuzustimmen. Die Überprüfung von Steuergesetzen auf einen möglichen Verstoß gegen das objektive Nettoprinzip muss daher hinsichtlich einer möglichen Rechtfertigung an diesem Maßstab erfolgen.

(2) Subjektives Nettoprinzip

In seltener Einmütigkeit ist das subjektive Nettoprinzip sowohl in der Steuerrechtswissenschaft[192] als auch in der Rechtsprechung des BVerfG[193] allgemein anerkannt. Es besagt, dass die unvermeidbaren Aufwendungen für die eigene Existenzsicherung und den Unterhalt der Familienangehörigen von der Besteuerung freigestellt sein müssen. Erst auf das sich danach ergebende zu versteuernde Einkommen ist der Tarif anzuwenden[194]. Ausgangpunkt hierfür ist der aus Art. 1 Abs. 1 i.V.m. dem Sozialstaatsprinzip abgeleitete Grundsatz, dass der Staat dem Steuerpflichtigen sein Einkommen insoweit steuerfrei belassen muss, als es zur Schaffung der Mindestvoraussetzungen für ein menschenwürdiges Dasein benötigt wird[195]. Eine verfassungskonforme Besteuerung durch Reduktion auf das disponible Einkommen hat Vorrang vor Sozialleistungen[196]. Wer nicht zumindest eine Mindestvorsorge gegen Risiken der Krankheit, des Alters und der Arbeitslosigkeit trifft, dem würde bei deren Eintreten nur die „Nicht-Alternative" offen stehen, staatliche Sozialleistungen in Anspruch zu nehmen. Jedenfalls die Aufwendungen für eine Mindestvorsorge sind daher existenziell notwendig und damit zwangsläufig[197].

---

[192] vgl. statt aller Tipke/Lang, §9 RN 69.
[193] vgl. z.B. BVerfGE 82, 60 (Kindergeldbeschluss).
[194] 57. Deutscher Juristentag (1988), Juristentag, 214.
[195] BVerfGE 82,60.
[196] Tipke, STRO II, 682.
[197] Seer, StuW 96, 323 (333) m.w.N.

Bei der Berücksichtigung der existenznotwendigen Aufwendungen ist es aber nicht ausreichend, wenn der Gesetzgeber diese dem Grund nach von der Besteuerung freistellt. Es ist außerdem erforderlich, dass die Aufwendungen auch in realitätsgerechter Höhe Berücksichtigung finden[198]. Zur Berechnung der zutreffenden Höhe des steuerfrei zu belassenden Erwerbseinkommens kann auf die Regelungen des Sozialhilferechts zurückgegriffen werden[199].

b) Horizontale und vertikale Steuergerechtigkeit

Eine weitere Ausprägung des Prinzips der Besteuerung nach der wirtschaftlichen Leistungsfähigkeit stellen die horizontale und die vertikale Steuergerechtigkeit dar[200]. Das unter Beachtung des Nettoprinzips ermittelte Einkommen kann nämlich unter Leistungsfähigkeitsgesichtspunkten nicht beliebig besteuert werden.

Unter Gleichheitsgesichtspunkten unmittelbar einleuchtend ist hierbei das Postulat der horizontalen Steuergerechtigkeit, welches besagt, dass Steuerpflichtige bei gleich hoher Leistungsfähigkeit auch gleich hoch besteuert werden müssen[201]. Wenn verschiedene Steuerpflichtige nach Abzug aller Erwerbsaufwendungen und privater Belastungen über ein gleich hohes disponibles Einkommen verfügen, ist es nahezu zwingend, dieses auch betragsmäßig gleich zu besteuern. Insoweit ist der Spielraum des Gesetzgebers für abweichende Regelungen sehr eng[202].

Darüber hinaus muss auch in vertikaler Richtung die Besteuerung höherer Einkommen im Vergleich mit der Steuerbelastung niedrigerer Einkommen dem Gerechtigkeitsgebot genügen[203]. Wer über mehr Leistungsfähigkeit verfügt, kann nach traditionellem Verständnis auch in einem stärkeren Maße für die Tragung öffentlicher Lasten in Anspruch genommen werden. Hierbei kommt dem Gesetzgeber in vertikaler Richtung ein weiter Entscheidungsspielraum zu[204]. Kurz gesagt müssen gleich Leistungsfähige gleich und unterschiedlich Leistungsfähige entsprechend ihrer unterschiedlichen Leistungsfähigkeit ungleich behandelt

[198] BVerfGE 61, 319 (Alleinerziehende); 66, 214 (Unterhaltsaufwendungen); 87, 153 (Existenzminimum).
[199] BVerfGE 99, 246 (259 f.);Tipke/Lang, § 9 RN 71.
[200] Seer, StuW 96, 323 (328).
[201] BVerfGE 82, 60; Birk, Leistungsfähigkeitsprinzip, 170.
[202] Birk, Leistungsfähigkeitsprinzip, 171.
[203] BVerfGE 82, 60.
[204] Gröpl, 98.

werden[205]. Dies rechtfertigt im Zusammenhang mit dem Sozialstaatsprinzip letztlich den (auch international üblichen) progressiven Steuertarif, wenn es ihn auch nicht zwingend voraussetzt[206]. Es wäre aus verfassungsrechtlichen Gesichtspunkten durchaus zulässig, die in der politischen Diskussion immer wieder ins Gespräch gebrachten Modelle der „Flat – Tax“ oder eines steuerlichen Stufentarifs gesetzlich festzuschreiben.

2. Folgerichtigkeit

Mit dem soeben dargestellten Prinzip der Besteuerung nach der wirtschaftlichen Leistungsfähigkeit ist das Prinzip der Folgerichtigkeit eng verbunden[207]. Darunter ist der Grundgedanke zu verstehen, der die aktuelle Rechtsprechung des BVerfG zum Gleichheitssatz vielleicht am stärksten prägt[208]: Der Gesetzgeber ist verpflichtet, Sachverhalte in sich konsistent (folgerichtig) zu regeln[209]. Er ist an die grundlegende Systematik der bestehenden Rechtsordnung gebunden. Soll eine neue Regelung getroffen werden, so muss diese sich grundsätzlich in die bestehende Gesamtrechtsordnung und in das betroffene Teilrechtsgebiet einfügen, ohne hierzu in Widerspruch zu stehen. Ist dies nicht der Fall, kann es sich um eine bloße Systemwidrigkeit oder aber um einen verfassungsrechtlich relevanten Gleichheitsverstoß handeln.

a) Konsistenz in Teil- und Gesamtrechtsordnung

Erwartet wird die logische Konsequenz bei der Einführung eines Rechtssatzes in das jeweilige Teilrechtsgebiet und in die Gesamtrechtsordnung[210]. Dabei hängt es vom konkreten Regelungsbereich ab, ob die Folgerichtigkeit innerhalb der Gesamtrechtsordnung oder lediglich im Teilrechtsgebiet hergestellt werden muss.

Ob und in welcher Höhe beispielsweise die Aufwendungen eines Steuerpflichtigen für sein Kraftfahrzeug bei den unterschiedlichen Einkunftsarten einkommensteuerlich berücksichtigt werden, bestimmt sich alleine nach den Vorgaben des Einkommensteuerrechts. Hier ist ausschließlich innerhalb des Einkommensteuerrechts zu prüfen, ob es dem Gebot der Folgerichtigkeit entspricht, diese bei Arbeitnehmern hinsichtlich der Fahrten zwischen Wohnung und Arbeitsstätte

---

205 Birk, Steuerrecht, RN 155.
206 Tipke, STRO II, 712.
207 vgl. BVerfGE 105, 73 (125).
208 Sachs, Art 3 RN 98.
209 Dreier – Heun, Art. 3 RN 34.
210 Kirchhof, HStR V, § 124 RN 222f.

mit der sog. „Pendlerpauschale“ abzugelten. Es genügt eine Prüfung des Teilrechtsgebietes.

Soll aber demgegenüber eine Geldbuße wegen einer betrieblich veranlassten Ordnungswidrigkeit im Einkommensteuerrecht als Betriebsausgabe geltend gemacht werden, so darf die Folgerichtigkeit dieser Regelung nicht alleine aus der isolierten Sicht des Einkommensteuerrechts beurteilt, sondern muss in Abstimmung von Bußgeldbemessung und steuerlicher Abziehbarkeit geregelt werden[211]. Hier sind also die Teilrechtsordnung des Steuerrechts und die Gesamtrechtsordnung zu berücksichtigen.

b) Systemwidrigkeit oder Gleichheitsverstoß

Bei der Überprüfung der Folgerichtigkeit ist allerdings streng zwischen bloßer Systemwidrigkeit und einem Gleichheitsverstoß zu trennen. Ein Verfassungsverstoß liegt nicht bereits dann vor, wenn die Gesetzessystematik für sich genommen nicht konsistent ist. Der Gesetzgeber darf durchaus von seiner einmal getroffenen Grundentscheidung abweichen. Solche gegensätzlichen Regelungen bedürfen dann jedoch einer folgerichtigen Begründung. Verfassungsrechtlich relevant ist nicht Konsistenz oder Inkonsistenz der Gesetzessystematik für sich genommen, sondern alleine das Ergebnis der Regelung für die Betroffenen[212].

Die Systemwidrigkeit für sich genommen bleibt bloße Widersprüchlichkeit, die insoweit die Gültigkeit des Gesetzes noch nicht in Frage stellt. Gesetzliche Widersprüche werden allerdings dann zur Gleichheitswidrigkeit, wenn der Widerspruch zu Rechtsfolgenunterschieden führt und diese sich nicht auf einen vernünftigen oder sonst wie einleuchtenden Grund zurückführen lassen[213].

So ist es beispielsweise gleichheitsrechtlich irrelevant, dass im Einkommensteuerrecht Beihilfeleistungen (für Beamte) aus öffentlichen Kassen nach § 3 Nr. 11 EStG von der Einkommensteuer befreit sind, während vergleichbare Leistungen von privaten Arbeitgebern steuerpflichtigen Arbeitslohn darstellen. Insoweit liegt zwar eine inkonsistente Regelung vor, da folgerichtig beide Bereiche gleich geregelt sein müssten, was aber im Ergebnis keine Rolle spielt. Entscheidend ist alleine, dass dies für einen Betroffenen keinen Unterschied macht. Dies ergibt sich aus der in beiden Fällen unterschiedlichen Behandlung bei den außerge-

---

[211] BVerfGE 81, 228 (237); Kirchhof, HStR V, § 124 RN 225.
[212] Sachs, Art. 3 RN 99.
[213] Kirchhof, HStR V, §124 RN 231 f.

wöhnlichen Belastungen. Werden die Beihilfen aus öffentlichen Kassen bezogen, liegen in den zugrunde liegenden Krankheitskosten nämlich keine außergewöhnlichen Belastungen mehr, während diese bei der steuerpflichtigen Erstattung der Kosten durch private Arbeitgeber noch gegeben sind. Lässt man die zumutbare Eigenbelastung bei den außergewöhnlichen Belastungen außen vor, so ergibt sich zwischen den beiden Fällen im Ergebnis kein Unterschied. Es ist dann Sache des Gesetzgebers darüber zu entscheiden, ob ein bestimmtes Ergebnis durch Anordnung der Steuerfreiheit oder der Absetzbarkeit als Werbungskosten, Betriebsausgaben, Sonderausgaben oder außergewöhnliche Belastungen erreicht werden soll[214]. Die festgestellte Systemwidrigkeit stellt daher keinen Gleichheitsverstoß dar.

c) Anwendung im Steuerrecht

Im Steuerrecht wird der Grundsatz der Folgerichtigkeit vom BVerfG vor allem im Einkommensteuerrecht angewendet[215]. Der Gesetzgeber hat zwar bei der Auswahl des Steuergegenstandes und der Bestimmung des Steuersatzes einen weitreichenden Entscheidungsspielraum. Er muss bei der Ausgestaltung des steuerrechtlichen Ausgangstatbestandes die einmal getroffene Belastungsentscheidung aber folgerichtig im Sinne einer Belastungsgleichheit umsetzen[216]. Ausnahmen von einer solchen folgerichtigen Umsetzung bedürfen eines besonderen sachlichen Grundes[217]. Dies gilt insbesondere für den Bereich des Einkommensteuerrechts, das auf die Leistungsfähigkeit des einzelnen Steuerpflichtigen hin angelegt ist[218].

3. Verbot der Doppelbesteuerung

Ein weiteres grundlegendes Prinzip für die Überprüfung der Verfassungsmäßigkeit von Steuergesetzgebung ist das Verbot der Doppelbesteuerung. Dieses dürfte im Grundsatz völlig unbestritten sein, in der konkreten Ausgestaltung und Anwendung bestehen jedoch erhebliche Zweifelsfragen bzw. sind Probleme noch völlig ungeklärt. So ist schon die verfassungsrechtliche Herleitung und Begründung nicht eindeutig. Fast nicht diskutiert sind bisher die Fragen der Typisierungskompetenz des Gesetzgebers und der eventuellen Rechtfertigung eines Verstoßes gegen dieses Prinzip. Heftig umstritten ist hingegen, wann von einer

---

214 BVerfGE 83, 395 (401 f.).

215 Sachs, Art. 3 RN 99.

216 grundl.: BVerfGE 84, 239 (271) „Zinsurteil"; BVerfGE 105, 73 (125) m.w.N.; Kirchhof, StuW 84, 297 (301).

217 BVerfGE 84, 239 (271 ff.); BVerfGE 99, 88 (95).

218 BVerfGE 82, 60 (88) im Anschluss an st. Rspr.

Doppelbesteuerung auszugehen ist. Die angesprochenen Fragen werden im Folgenden erläutert.

a) Verfassungsrechtliche Herleitung

Wie schon die bisher dargestellten Grundprinzipien könnte auch das Prinzip der Doppelbesteuerung aus dem allgemeinen Gleichheitssatz nach Art. 3 Abs. 1 GG herzuleiten sein. Darüber hinaus könnte aber die doppelte Belastung mit Einkommensteuer gegen die Eigentumsgarantie nach Art. 14 GG verstoßen.

(1) Ungleichbehandlung (Art. 3 Abs. 1 GG)

Für die Begründung des Verbotes der Doppelbesteuerung aus dem Grundgesetz ist zunächst an den allgemeinen Gleichheitssatz nach Art. 3 Abs. 1 GG zu denken. Dieser verlangt für den Bereich des Steuerrechts das Vorliegen von Besteuerungsgleichheit, die beim Vorliegen einer Doppelbesteuerung aber nicht gewahrt wäre. Der erneute (doppelte) einkommensteuerliche Zugriff auf ein identisches Steuerobjekt verstieße nämlich gegen den Grundsatz der Besteuerungsgleichheit, indem die betroffene Adressatengruppe durch eine einkommensteuerliche Doppelbelastung im Vergleich zu anderen Steuerpflichtigen benachteiligt würde[219]. Einkommensteuerlich relevante Einkünfte werden nach dem geltenden Einkommensteuerrecht nur einmal besteuert, so dass in der Normierung einer erneuten Besteuerung eine Ungleichbehandlung läge.

Würde also der Gesetzgeber beispielsweise (hypothetisch) eine Regelung treffen, nach der die auf Zinseinkünfte zu erhebende Kapitalertragssteuer nicht auf die spätere Einkommensteuer angerechnet wird, obwohl die Zinseinkünfte in voller Höhe in das zu versteuernde Einkommen eingerechnet werden, läge darin eine unzulässige doppelte Besteuerung. Zinseinkünfte würden zum einen mit der Kapitalertragsteuer als Erhebungsform der Einkommensteuer und zum anderen im Wege der Veranlagung mit Einkommensteuer belastet. Dies würde eine Benachteiligung der Adressatengruppe „Bezieher von Zinseinkünften" im Vergleich zu allen Steuerpflichtigen, die andere Einkünfte erzielen, darstellen. Ein Verstoß gegen den allgemeinen Gleichheitssatz in Form der Besteuerungsgleichheit wäre evident. Das Verbot der Doppelbesteuerung lässt sich daher aus dem allgemeinen Gleichheitssatz nach Art. 3 Abs. 1 GG herleiten[220].

---

[219] Gröpl, 104; ders. FR 01, 620 (626).
[220] Gröpl, 104; ders. FR 01, 620 (626).

(2) Eigentumsbeeinträchtigung (Art. 14 GG)

Außerdem kommt aber eine verfassungsrechtliche Begründung des Verbotes der Doppelbesteuerung aus der Eigentumsgarantie des Art. 14 GG in Betracht. Hierzu ist zunächst zu prüfen, ob eine verfassungsrechtlich geschützte Rechtsposition vorliegt.

Diesbezüglich ist festzustellen, dass Art. 14 GG keine generelle Freistellung eigentumsrechtlicher Positionen von der Einkommen-steuer gebietet. Ein eigentumsrechtlich geschützter Vermögensgegenstand liegt beim Zufluss von Einkommen nämlich bereits dann vor, wenn er – z.B. als Forderung – hinreichend konkretisiert ist[221]. Die Einkommensteuer belastet aber gerade das individuell hinzu erworbene Eigentum. Würde man daher alle eigentumsrechtlich geschützten Positionen von der Einkommensteuer freistellen, käme eine Besteuerung von Einkommen praktisch nicht mehr in Betracht. Dann müsste nämlich beispielsweise auch jeder Honoraranspruch des Freiberuflers sowie jede Gehaltsforderung des Arbeitnehmers freigestellt werden. Daraus ergibt sich, dass Art. 14 GG diesen Vermögensrechten zwar durchaus Schutz gewährt, jedoch keinen Schutz vor jeglicher Einkommensteuer, sondern nur einen Schutz vor einer übermäßigen Einkommensteuer[222].

Für die Frage, wann eine solche übermäßige Besteuerung vorliegt, wurde im sog. Vermögenssteuerbeschluss des BVerfG[223] ein sachgerechter Lösungsweg entwickelt. Dort hat das Gericht ausgeführt, *„dass das geschützte Freiheitsrecht* (erg.: Eigentum) *nur so weit beschränkt werden darf, dass dem Steuerpflichtigen ein Kernbestand des Erfolges eigener Betätigung im wirtschaftlichen Bereich als Ausdruck der grundsätzlichen Privatnützigkeit des Erworbenen und der grundsätzlichen Verfügungsbefugnis über die geschaffenen vermögenswerten Rechtspositionen erhalten wird"*. Diese Ausführungen beruhen auf der Grundthese, dass einmal erworbenes und beim Erwerb der Besteuerung unterliegendes Vermögen nicht erneut dem Zugriff des Steuergesetzgebers ausgesetzt sein dürfe. Die Besteuerung solchen „konsolidierten" Vermögens ist ein unzulässiger Eingriff in die Substanz von Eigentumspositionen (Art. 14 GG)[224]. Konsolidiertes Vermögen in diesem Sinne liegt dann vor, wenn das Einkommen bei seinem Zufluss der Einkommensteuer unterlegen hat. Solches „innegehabtes" Vermö-

---

221 Wendt, NJW 80, 2111 (2116).
222 Seer, StuW 96, 323 (331).
223 BVerfGE 93,121 (137).
224 Sondervotum Böckenförde, BVerfGE 93, 149 (153 f.).

gen genießt isolierten eigentumsrechtlichen Bestandsschutz, der gegen eine erneute Einkommensbesteuerung abschirmt. Mit anderen Worten ausgedrückt bedeutet dies, dass das versteuerte Einkommen, wenn es die Kontrollstelle der progressiven Einkommensteuer passiert hat und das steuerstaatliche Prüfsiegel trägt, (für den Bereich der Einkommensteuer) in die Privatsphäre entlassen wird[225]. Das Verbot der Doppelbesteuerung lässt sich daher auch mit der Eigentumsgarantie des Art. 14 GG begründen[226].

(3) Verfassungsrechtliche Rechtfertigung

Die durch eine doppelte Besteuerung vorliegende Ungleichbehandlung einerseits und der Eingriff in eine geschützte Eigentumsposition andererseits wären allerdings nicht zu beanstanden, wenn eine verfassungsrechtliche Rechtfertigung gegeben wäre. Zwar unternimmt (bisher) niemand den Versuch, einen erneuten einkommensteuerlichen Zugriff auf das identische Steuerobjekt zu legitimieren[227]. Es ist lediglich bestritten worden, ob die Belastung mit Einkommensteuer auch zu einem erhöhten Schutz gegen eine Vermögensbesteuerung führt[228]. Dennoch soll hier beleuchtet werden, ob sich auch eine doppelte Belastung mit Einkommensteuer verfassungsrechtlich rechtfertigen ließe. Hierbei sind die Rechtfertigungsgründe hinsichtlich der verschiedenen Grundrechte getrennt zu betrachten, da jeweils unterschiedliche Anforderungen für deren Schranken gelten.

(a) Ungleichbehandlung (Art. 3 Abs. 1 GG)

Für die Rechtfertigung der in der Doppelbesteuerung liegenden Ungleichbehandlung gelten die oben[229] bereits näher beschriebenen Anforderungen. Danach wäre eine Ungleichbehandlung gerechtfertigt, wenn sich der Fall, in dem eine Doppelbesteuerung gesetzlich angeordnet wurde, so weitgehend von allen übrigen Fällen unterscheidet, dass diese Ungleichbehandlung im Hinblick auf den allgemeinen Gleichheitssatz sachlich ausreichend gerechtfertigt ist. Dabei steht dem Gesetzgeber eine weite Beurteilungs- und Gestaltungsfreiheit zu, bei der er sich generalisierender, typisierender und pauschalierender Regelungen bedienen darf. Danach müsste also im konkreten Einzelfall der getroffenen Regelung überprüft werden, ob sie den genannten Voraussetzungen entspricht. Sofern eine Doppelbesteuerung daher lediglich am Maßstab des allgemeinen Gleichheitssat-

---

[225] Kirchhof, DStR 83, 279 (280).
[226] Gröpl, 104; ders. FR 01, 620 (626).
[227] Gröpl, 104; ders. FR 01, 620 (626); siehe auch Birk/Wernsmann, DB 99, 166.
[228] vgl. schon das zitierte Sondervotum von Böckenförde, BVerfGE 93, 153 f.
[229] vgl. oben VII. A. 1. a) (1).

zes zu messen wäre, käme eine Rechtfertigung grundsätzlich in Betracht, wenn sie auch nur sehr schwer vorstellbar ist.

Letztgenannte Frage ist allerdings bei der spiegelbildlichen Problematik äußerst relevant, ob die in einer Nichtbesteuerung im Einzelfall liegende Ungleichbehandlung verfassungsrechtlich zu rechtfertigen ist. Diese Problematik ist nämlich alleine am Maßstab des Art. 3 GG zu messen, da eine Eigentumsverletzung nicht in Betracht kommt. Vorliegend können entsprechende Betrachtungen aber unterbleiben.

(b) Eigentumsbeeinträchtigung (Art. 14 GG)

Zu prüfen ist nun allerdings, ob sich auch der in einer Doppelbesteuerung liegende Eingriff in eine nach Art. 14 GG geschützte Eigentumsposition verfassungsrechtlich rechtfertigen lässt. Beeinträchtigungen des Schutzbereiches des Art. 14 GG können Inhalts- und Schrankenbestimmungen oder Enteignungen darstellen. Dabei ist die Rechtfertigung von per Gesetz erfolgenden Eigentumsbeeinträchtigungen unterschiedlich zu beurteilen, je nachdem ob es um eine Inhalts- und Schrankenbestimmung einerseits oder aber um eine Enteignung andererseits geht[230]. Eine Inhalts- und Schrankenbestimmung besteht in der generellen und abstrakten Festlegung von Rechten und Pflichten durch den Gesetzgeber hinsichtlich solcher Rechtsgüter, die als Eigentum zu verstehen sind[231]. Demgegenüber ist eine Enteignung auf die vollständige oder teilweise Entziehung konkreter subjektiver Eigentumspositionen zur Erfüllung bestimmter öffentlicher Aufgaben gerichtet[232].

Nach diesen Grundsätzen kann eine zweite Belastung mit Einkommensteuer keine Enteignung darstellen, da nicht konkretes Vermögen entzogen wird. Die Rechtsposition des konsolidierten Vermögens wird lediglich mit der zusätzlichen Verpflichtung versehen, erneut versteuert werden zu müssen, so dass begrifflich eine Inhalts- und Schrankenbestimmung vorliegt[233].

Inhalt und Schranken des durch die Eigentumsgarantie vor einem steuerlichen Zugriff geschützten Vermögens sind allerdings bereits durch die Festlegung des konsolidierten Vermögens abschließend geregelt. Insoweit ist eine eigentumsrechtlich geschützte Position entstanden, die aufgrund des Bestandschutzes nicht

230 Jarass/Pieroth – Jarass, zu Art. 14 RN 35.
231 BVerfGE 72, 66.
232 BVerfGE 70, 191.
233 Gröpl, FR 01, 620 (625).

nachträglich nochmals geändert werden darf. Für den Bereich des Steuerrechts gilt daher hinsichtlich der Inhalts- und Schrankenbestimmungen eine zeitliche Komponente, nach der der einmal gegebene Status des Vermögens als konsolidiertes Vermögen auch in Zukunft erhalten bleiben muss. Eine erneute, weitere Beschränkung dieser Position ihrem Inhalt nach ist daher ausgeschlossen[234]. Es ist damit auch unmöglich, eine einkommensteuerliche Doppelbesteuerung verfassungsrechtlich zu rechtfertigen.

(c) Auffassung des BVerfG

Dass auch das BVerfG diese Auffassung teilt, lässt sich an dem bereits zitierten letzten Absatz der Rentenentscheidung[235] erkennen. Dort schreibt das Gericht nämlich ausdrücklich, dass eine doppelte Besteuerung *„In jedem Fall...“* vermieden werden muss. Lediglich *„Im Übrigen...“* ist ein weiter gesetzgeberischer Entscheidungsspielraum eröffnet, bei dem auch die Notwendigkeit einfacher, praktikabler und gesamtwirtschaftlich tragfähiger Lösungen berücksichtigt werden kann. Aus dieser Formulierung wird ganz klar, dass auch nach Auffassung des Gerichts eine doppelte Besteuerung niemals mit derartigen Argumenten gerechtfertigt werden kann. Lediglich vom (an Art. 3 GG orientierten) Prinzip der wirtschaftlichen Leistungsfähigkeit sind hiermit begründete Einschränkungen zulässig. Es gilt damit ein striktes Verbot der Doppelbesteuerung, ein Verstoß hiergegen ist unter keinen Umständen zulässig[236]. Dieser Grundsatz war für das Gericht so entscheidend, dass es ihn als dritten Leitsatz seiner Entscheidung formulierte.

(d) Ergebnis

Ausnahmen vom Verbot der Doppelbesteuerung mit Einkommen-steuer lassen sich verfassungsrechtlich nicht rechtfertigen, es gilt ein striktes, uneingeschränktes und unbeschränkbares Verbot der Doppelbesteuerung.

(4) Spannungsverhältnis zwischen Typisierungskompetenz des Gesetzgebers und dem Verbot der Doppelbesteuerung

Zu prüfen ist nun, inwieweit dem Gesetzgeber vor dem Hintergrund eines ausnahmslos geltenden Verbots der Doppelbesteuerung eine Typisierungskompetenz zusteht, die im Einzelfall zu einer Doppelbesteuerung führen kann.

---

[234] Gröpl, FR 01, 620 (626).
[235] BVerfGE 105, 73 (134 f.).
[236] Flore, AnwBl. 04, 343; Hey, DRV 04, 1 (3); HHR-Kulosa, vor §22 Anm. J 04-3 (Jahresband 2005).

Die Typisierungskompetenz des Gesetzgebers wurde zur Rechtfertigung einer Ungleichbehandlung entwickelt, bei der eine verfassungsrechtliche Rechtfertigung anders als beim Doppelbesteuerungsverbot grundsätzlich möglich ist. Danach ist „*bei der Konkretisierung der gleichheitsrechtlichen Leitlinien für den Einkommensteuergesetzgeber auch dessen weitgehende Befugnis zur Vereinfachung und Typisierung zu beachten. Jede gesetzliche Regelung muss notwendigerweise verallgemeinern. Bei der Ordnung von Masseerscheinungen ist der Gesetzgeber berechtigt, die Vielzahl der Einzelfälle in dem Gesamtbild zu erfassen, das nach den ihm vorliegenden Erfahrungen die regelungsbedürftigen Sachverhalte zutreffend wiedergibt. Auf dieser Grundlage darf er generalisierende, typisierende und pauschalierende Regelungen treffen, ohne wegen der damit unvermeidlich verbundenen Härten gegen den allgemeinen Gleichheitssatz zu verstoßen.*“[237] Dabei ist jedoch erforderlich, dass die betreffenden Tatbestände realitätsgerecht ausgestaltet werden. Das bedeutet mit anderen Worten, dass die Typisierung auf zutreffenden Annahmen der für den zu typisierenden Sachverhalt maßgebenden Tatsachen beruht[238]. Unzulässig sind dagegen Typisierungen, die auf falschen Prämissen basieren oder zu falschen Ergebnissen führen[239].

Die dort beschriebene Ausgangsproblematik, dass jede gesetzliche Regelung notwendigerweise verallgemeinern muss, stellt sich natürlich vor dem Hintergrund des Doppelbesteuerungsverbots in gleicher Weise. Es bedarf daher auch keiner näheren Ausführungen, dass der Gesetzgeber selbstverständlich berechtigt ist, die auftretenden Masseerscheinungen in einem Gesamtbild zusammenzufassen. Es ist schlichtweg unmöglich, die Vielzahl der Einzelfälle detailliert zu regeln. Für die Aufstellung des Gesamtbildes ist nach den genannten Grundsätzen entscheidend, dass der Gesetzgeber von Prämissen ausgeht, die den zu regelnden Sachverhalt zutreffend wiedergeben.

Die strikte Geltung des Doppelbesteuerungsverbotes führt jedoch dazu, dass für die in dieser Art typisiert dargestellten Sachverhalte eine Zweifachbesteuerung in jedem Fall vermieden werden muss. Hiervon dürfen sich nach den gesetzlichen Regelungen zur Besteuerung der Sachverhalte absolut keine Ausnahmen ergeben. Es ist nicht ausreichend, dass von den typischen Sachverhalten die Vielzahl oder fast alle nicht doppelt besteuert werden oder dass bei mehrjähri-

---

[237] BVerfGE 105, 73 (127).
[238] Hey, DRV 04, 1 (5).
[239] BVerfGE 48, 227 (238).

gen Sachverhalten in den meisten Jahren eine Zweifachbesteuerung vermieden wird[240]. Ein solche Regelung würde einen unzulässigen, verfassungsrechtlich nicht zu rechtfertigenden Eingriff in die Eigentumsgarantie darstellen. Unbedingt erforderlich ist, dass die geregelten Sachverhalte **alle** und **in allen Jahren** nicht zweifach besteuert werden. Mit anderen Worten darf der Gesetzgeber im ersten Schritt anhand von realitätsgerechten Prämissen Standardsachverhalte festlegen. Im zweiten Schritt muss dann aber die Besteuerung dieser Sachverhalte so ausgestaltet werden, dass eine Doppelbesteuerung ausnahmslos vermieden wird.

Auch in diesem Punkt kann sich für die zuvor bereits angesprochene spiegelbildliche Frage der vereinzelten Nichtbesteuerung eine andere Beurteilung ergeben, da insoweit alleine der Maßstab des Art. 3 GG relevant ist. Hier ist also grundsätzlich vorstellbar, dass die Typisierung zu gerechtfertigten vereinzelten Nichtbesteuerungen führen kann.

(5) Ergebnis

Zusammenfassend ist daher festzustellen, dass eine doppelte einkommensteuerliche Belastung eines identischen Steuergegenstandes eine Ungleichbehandlung und eine Eigentumsbeeinträchtigung darstellt. Obwohl eine Rechtfertigung der Ungleichbehandlung zumindest nicht von vorneherein ausgeschlossen werden kann, ist die Doppelbelastung mit Einkommensteuer aber jedenfalls aufgrund des Eingriffs in die Eigentumsgarantie verfassungsrechtlich nicht zu rechtfertigen. Eine Doppelbesteuerung muss daher bei der Besteuerung von in zulässiger Weise typisierten Sachverhalten in jedem Fall vermieden werden.

b) Vorliegen einer Doppelbesteuerung

Unabhängig von der Frage, wann im konkreten Einzelfall eine Doppelbesteuerung vorliegt, ist noch nicht einmal zweifelsfrei geklärt, wann diese im Grundsatz gegeben ist. Im Gesetzgebungsverfahren zum AltEinkG wurde diese Frage am Problem der Zweifachbesteuerung durch die getroffene Übergangsregelung[241] streitig diskutiert[242]. Ausgangspunkt für die diesbezüglich anzustellenden Berechnungen war übereinstimmend die Überlegung, dass eine Doppelbesteuerung dann nicht vorliegt, wenn der steuerfreie Rentenzufluss mindestens so hoch

---

[240] ebenso: Brall/Bruno-Latocha/Lohmann, DRV 03, 465 (482) und DRV 03, 673 (692).
[241] hinsichtlich der Einzelheiten zu diesem Problem vgl. unten VI. C.
[242] Rürup-Kommission, S. 50; VDR im Finanzausschuss, Prot. FinA 15/47, 441; Hey, DRV 04, 1; dies.: Prot. FinA 15/47, 422; Brall/Bruno-Latocha/Lohmann, VDR 03, 465 (478 f.).

ist wie die aus versteuertem Einkommen geleisteten Rentenbeiträge[243]. Umstritten war jedoch, was als „Beiträge aus versteuertem Einkommen“ und was unter „steuerfreiem Rentenzufluss“ zu verstehen ist. Losgelöst von der konkreten Frage der Doppelbesteuerung bei Renteneinkünften steht dahinter das allgemeine Problem, wann eine Besteuerung von Einkommen vorliegt. Danach entscheidet sich zum einen, wann eigentumsrechtlich geschütztes konsolidiertes Vermögen gegeben ist und zum anderen, wann dieses erneut besteuert wird. Hierzu werden zwei unterschiedliche Auffassungen vertreten, die steuersystematische Auslegung zum einen und die Beurteilung nach der effektiven steuerlichen Tarifbelastung zum anderen.

(1) Steuersystematische Betrachtung

Nach der steuersystematischen Betrachtung liegt eine Besteuerung von Einkommen vor, wenn dieses in die steuerliche Bemessungsgrundlage eingerechnet worden ist[244]. Es spielt dann keine Rolle, ob aufgrund sonstiger steuerlicher Bestimmungen tatsächlich Einkommensteuer angefallen ist oder nicht. Die Rürup-Kommission hält diese Auffassung für zutreffend[245].

(2) Effektive steuerliche Tarifbelastung

Demgegenüber ist nach der hiervon abweichenden Auffassung eine Doppelbesteuerung bereits dann vermieden, wenn bei „isolierter Betrachtung“ des Zuflusses keine einkommensteuerliche Tarifbelastung eintritt. Der Unterschied zur steuersystematischen Betrachtung besteht darin, dass hier der Zufluss zusätzlich um bestimmte steuerliche Abzüge gemindert wird und die Entscheidung über das Vorliegen einer Besteuerung danach fällt, ob tatsächlich Einkommensteuer angefallen ist oder nicht. Dieser Auffassung hat sich der Gesetzgeber angeschlossen[246], obwohl sie von der Rürup-Kommission dargestellt, im Ergebnis aber abgelehnt wurde[247].

Als Abzug zu berücksichtigen ist hiernach vor allem (zumindest anteilig) der Grundfreibetrag, der ja allen Steuerpflichtigen zusteht. Der Gesetzgeber rechnet außerdem bestimmte Sonderausgaben (Kranken- und Pflegeversicherungsbei-

---

[243] BT-Drucks. 15/2150, 23; Rürup – Kommission, S.51; VDR, Prot. FinA 15/47, 441 (454).
[244] Rürup – Kommission, 51.
[245] Rürup – Kommission, 51.
[246] BT-Drucks. 2150, 23 ff.
[247] Rürup – Kommission, 51.

träge) mit ein, die bei den zu betrachtenden Steuerpflichtigen zwangsläufig anfallen[248].

(3) Vorzugswürdigkeit der steuersystematischen Betrachtung

Von den dargestellten Auffassungen ist die steuersystematische Auslegung die zutreffende. Die Doppelbesteuerung kann nicht mit dem Grundfreibetrag „weggerechnet" werden, da dieser allen Steuerpflichtigen zusteht[249]. Gleiches gilt für andere steuerliche Abzüge, die allen Steuerpflichtigen zustehen.

(a) Auffassung des BVerfG

Diese Auffassung vertritt auch das BVerfG in der Rentenentscheidung und führt dazu aus: *„Hiernach ist von einer tatsächlichen steuerlichen Belastung in der Erwerbsphase, die eine Entlastung in der Nacherwerbsphase rechtfertigt, immer dann auszugehen, wenn in der Erwerbsphase eine „Regelbesteuerung" ohne spezielle Vergünstigungen stattgefunden hat."*[250] Verallgemeinernd liegt danach eine steuerliche Belastung von Einkommen vor, wenn eine Regelbesteuerung ohne spezielle Vergünstigungen stattgefunden hat oder stattfindet. Dies bedeutet im Umkehrschluss, dass das Eingreifen einer „allgemeinen" steuerlichen Vergünstigung die dem Grunde nach gegebene Besteuerung nicht ausschließt. Dabei ist auch völlig eindeutig, dass es sich bei dem Grundfreibetrag und beim Sonderausgabenabzug für Kranken- und Pflegeversicherungsbeiträge um eine solche „allgemeine Vergünstigung" handelt, denn diese stehen jedem Steuerpflichtigen in gleicher Höhe zu. Entscheidend ist nach Auffassung des BVerfG also nicht, ob tatsächlich Steuer angefallen ist, sondern ob eine Einbeziehung in die steuerliche Bemessungsgrundlage erfolgte. Dass dies zutreffend ist, ergibt sich aus folgenden Erwägungen.

(b) Grundfreibetrag als Tarifvorschrift

Nach der Systematik des Einkommensteuerrechts werden zunächst die (Netto-) Einkünfte ermittelt und zum Gesamtbetrag der Einkünfte zusammengefasst, § 2 III EStG. Auf der nächsten Stufe werden dann bestimmte weitere Beträge (Sonderausgaben, außergewöhnliche Belastungen u.ä.) abgezogen, so dass sich das zu versteuernde Einkommen ergibt, das die Bemessungsgrundlage für die tarifliche Einkommensteuer darstellt, § 2 Abs. 5 EStG. Auf diesen Ausgangswert werden dann die tariflichen Vorschriften des § 32a EStG angewendet. Der Grundfreibetrag ist ein Teil der Tarifvorschriften und in diesem Gesamtkomplex

---

[248] BT- Drucks. 15/2150, 23 ff.
[249] Ruland, NJW – Editorial Heft 1-2/05.
[250] BVerfGE 105, 73 (129).

verfassungsrechtlich geboten, um die steuerliche Freistellung des Existenzminimums zu garantieren[251]. Er stellt damit keine sachliche Steuerbefreiung, sondern den Ausdruck eines absoluten Besteuerungsverbotes dar[252]. Eine Berücksichtigung des Grundfreibetrags für die Ermittlung des steuerfreien Zuflusses von Einkünften würde eine Vermengung von Vorschriften zur Bemessungsgrundlage und zum Tarif bedeuten, die aus steuersystematischen Erwägungen unzulässig ist[253].

(c) Einheitlichkeit des Grundfreibetrages

Würde man dies anders sehen, ergäben sich außerdem nicht aufzulösende Widersprüche, vor allem beim Zusammentreffen mit anderen Einkünften. Bezieht ein Steuerpflichtiger lediglich aus einer Einkunftsart Einkünfte in Höhe des Grundfreibetrages, wären diese nicht mit Steuer belastet. Kommen dann weitere Einkünfte aus einer anderen Einkunftsart hinzu, fällt insgesamt Einkommensteuer an. Wenn dies für die erstgenannten Einkünfte keinen Unterschied hinsichtlich der steuerlichen Belastung ergeben soll, ist das nur in der Weise möglich, den Grundfreibetrag lediglich diesen zuzuordnen. So ist dann wohl auch die „isolierte" Betrachtung des Zuflusses nach der abzulehnenden Auffassung zu verstehen. Eine solche Betrachtung ist dem Einkommensteuerrecht aber fremd. Der Grundfreibetrag entfällt auf alle Einkünfte und kann nicht gesondert auf nur eine Einkunftsart bezogen werden[254]. Ähnliche Probleme würden sich beim Zusammentreffen mit steuerlichen Verlusten ergeben. Dieses Argument versucht die Bundesregierung in der Gesetzesbegründung dadurch zu entkräften, dass sie bei ihren Berechnungen den Grundfreibetrag anteilig verschiedenen Einkunftsarten zurechnet[255]. Hierdurch wird eine vom Ansatz her falsche Überlegung aber nicht richtig[256].

(d) Berücksichtigung von Sonderausgaben

Die gleichen Erwägungen wie für den Grundfreibetrag gelten entsprechend auch für den Abzug bestimmter Sonderausgaben, sofern sie beim Steuerpflichtigen sicher anfallen. Auch diese werden nicht bei der Ermittlung des Gesamtbetrages der Einkünfte berücksichtigt, sondern zur steuerlichen Freistellung existenznotwendiger Aufwendungen bei der Berechnung des zu versteuernden Einkommens

---

[251] Hey, DRV 04, 1 (8); HHR-Kulosa, Vor § 22 Anm. J 04-6; Flore, AnwBl. 04, 343 (344).
[252] VDR, Prot. FinA 15/47, 441 (456).
[253] Brall/Bruno-Latocha/Lohmann, DRV 03, 673 (680).
[254] Hey, DRV 04, 1 (9).
[255] BT-Drucks. 15/2150, 41 ff.
[256] VDR, Prot. FinA 15/47, 441 (457).

abgezogen. Daraus folgt, dass auch hier eine Zuordnung zu einzelnen Einkünften nicht möglich ist, so dass insgesamt auch Sonderausgaben nicht bei der Ermittlung von versteuertem Einkommen abgezogen werden können[257].

(4) Ergebnis

Insgesamt gesehen ist daher davon auszugehen, dass eine steuerliche Doppelbelastung vorliegt, wenn Einkünfte zweimal in die steuerliche Bemessungsgrundlage eingerechnet werden. Dies gilt unabhängig davon, ob tatsächlich Einkommensteuer angefallen ist oder anfällt.

4. Korrespondenzprinzip

Zur Frage der Geltung des Korrespondenzprinzips im Steuerrecht ist zunächst klarzustellen, was unter diesem Begriff zu verstehen ist. Danach werden die verschiedenen hierzu vertretenen Auffassungen dargestellt und diskutiert.

a) Begriffsbestimmung

Der (vereinfachte) Begriff des Korrespondenzprinzips wird nicht immer einheitlich verwendet. Er steht teilweise als Kurzform für das interpersonale, teilweise für das intertemporale Korrespondenzprinzip, so dass zunächst eine begriffliche Klarstellung erforderlich ist.

Das interpersonale Korrespondenzprinzip verknüpft die Besteuerung des einen Steuerpflichtigen mit der Abzugsfähigkeit von Ausgaben bei einem anderen Steuerpflichtigen. Es besagt, dass die abgeflossene Zahlung beim Leistenden nur dann steuermindernd geltend gemacht werden kann, wenn sie beim Empfänger in gleicher Höhe der Besteuerung unterworfen wird[258]. Dem EStG lässt sich die generelle Geltung eines solchen Prinzips nicht entnehmen, es gilt nur in gesetzlich gesondert geregelten Einzelfällen wie beispielsweise dem sog. Realsplitting bei Unterhaltszahlungen nach §§ 10 Abs. 1 Nr. 1, 22 Nr. 1a EStG[259]. Eine Korrespondenz in diesem interpersonalen Sinne spielt für die hier zu diskutierende Problematik keine Rolle.

Demgegenüber ist für Zwecke der hiesigen Ausführungen unter dem Begriff des Korrespondenzprinzips das Prinzip der intertemporalen Korrespondenz zu verstehen. Dieses bezieht sich auf ein und dieselbe Person und besagt, dass das Le-

---

[257] Brall/Bruno-Latocha/Lohmann, DRV 03, 465 (480); Hey, DRV 04, 1 (9); a.A. HHR-Kulosa, Vor. §22 Anm. J 04-6 (Jahresband 2005).
[258] Gröpl, 92.
[259] BFH vom 25.10.1994, BStBl. 95 II, 121 (125); KSM – Kirchhof, §2 RN A189.

benseinkommen einer Person einmal, aber auch nur einmal zu versteuern ist[260]. Dieser Gedanke wird vor allem in der Finanzwissenschaft vertreten[261]. Seine Geltung und Reichweite im Steuerrecht sind indessen umstritten und wurden auch von den verschiedenen Reformkommissionen unterschiedlich beurteilt[262].

b) Geltung im Steuerrecht

(1) Auffassungen in der Literatur

Für die generelle Geltung des Prinzips wird angeführt, dass es dazu beiträgt, die Intention der Einkommensteuer zu realisieren. Diese ist darauf ausgerichtet, das während der gesamten Lebenszeit eines Bürgers erzielte Einkommen zu erfassen[263]. Die Besteuerung nach der wirtschaftlichen Leistungsfähigkeit müsste idealer weise so erfolgen, dass die steuerliche Leistungsfähigkeit nach dem Lebenseinkommen bemessen wird. Der Steuerfiskus ist jedoch auf den regelmäßigen Eingang von Steuern angewiesen. Dieser wäre bei einer Besteuerung nach dem Lebenseinkommen nicht gewährleistet, da dem Staat dann erst zum Zeitpunkt des Todes Steuern zufließen würden. Aus diesem Grund wird das Leistungsfähigkeitsprinzip durch das in § 2 Abs. 7 EStG verankerte Periodizitätsprinzip eingeschränkt. Dieses rein technische Vorgehen ermöglicht es, dem Staatshaushalt periodisch wiederkehrend Einnahmen zuzuführen[264]. In Anbetracht dieser übergeordneten Zielsetzung erscheint es zunächst in der Tat angemessen, das Korrespondenzprinzip als im Steuerrecht allgemein gültiges Prinzip anzusehen, denn es gewährleistet die so verstandene Intention des EStG. Wenn jedes Einkommen einmal, aber auch nur einmal, besteuert wird, liegt über das gesamte Leben betrachtet im Ergebnis die einmalige Besteuerung des Lebenseinkommens vor.

Seitens der Kritiker an dieser Auffassung wird jedoch vorgebracht, dass in der Einkommensteuer kein Gebot zur mindestens einmaligen Besteuerung von Einkommen bestehe. Eine Besteuerungsverpflichtung könne auch dem Korrespondenzprinzip nicht entnommen werden. Es sei auf jeden Fall zulässig, bestimmte Einkommen aus sozialen oder sonstigen Gründen gänzlich oder zumindest teil-

---

260 vgl. statt aller nur Peffekoven, Ifo Schnelldienst 21/2000, S. 3 f.
261 Andel, S. 318; Brümmerhoff, StuW 79, 219 (220); Peffekoven, Ifo Schnelld. 21/2000, 3 f.
262 gegen die Geltung: Steuerreformkommission 1971, 145; dafür: wissenschaftlicher Beirat beim BMF 1986, 8.
263 Seer, StuW 96, 323 (335).
264 Lang in Tipke/Lang, S. 233; Seer, a.a.O.; Tipke, Bd. II, S. 668 ff., jeweils m.w.N.

weise steuerfrei zu stellen, falls dafür sachliche Gründe gegeben seien[265]. Teilweise wird das (steuerliche) Korrespondenzprinzip auch (einschränkend) so verstanden, dass es lediglich ein Verbot der Doppelbesteuerung enthält, nicht jedoch auch ein Gebot, dass jedes Einkommen mindestens einmal versteuert werden muss[266]. Zusammenfassend gilt das Korrespondenzprinzip nach diesen Auffassungen also nur insoweit, als es die doppelte Besteuerung von Einkommen verbietet. Es beinhaltet aber kein Besteuerungsgebot bzw. lässt Ausnahmen hiervon zu.

(2) Ansicht des BVerfG

Das BVerfG hat den Streitstand zu der Geltung des Korrespondenzprinzips in seiner Entscheidung vom 06.03.2002 erwähnt, aber offen gelassen. Es hat vielmehr die steuerliche Behandlung der Vergleichsgruppen Sozialversicherten und Rentnern einerseits, sowie Beamten und Pensionsempfängern andererseits unmittelbar am Maßstab des allgemeinen Gleichheitssatzes gemessen. Entscheidende Frage war dabei, ob die markant unterschiedliche Behandlung in der Nacherwerbsphase angemessen kompensiert wurde durch eine reziprok unterschiedliche steuerliche Belastung in der Erwerbsphase[267]. In diesem Gesamtkontext ist auch die Aussage des Gerichts im letzten Absatz des Urteils zu sehen, dass nämlich die Besteuerung von Vorsorgeaufwendungen und daraus resultierenden Bezügen so aufeinander abzustimmen sei, dass eine doppelte Besteuerung vermieden werde. Obwohl darin isoliert betrachtet durchaus ein Hinweis für die Geltung des Korrespondenzprinzips zu sehen kein könnte, verbietet sich eine solche Auslegung im Gesamtzusammenhang. Das Gericht lässt vielmehr eine Tendenz erkennen, die materielle Verfassungsmäßigkeit von Steuergesetzen unmittelbar an den Grundrechten und den hierzu bereits entwickelten Grundsätzen zu beurteilen, ohne das Korrespondenzprinzip zu bemühen.

(3) Ablehnung des Korrespondenzprinzips

Das Vorgehen des BVerfG ist im Ergebnis vorzugswürdig. Wie die unterschiedlichen Auffassungen schon zu erkennen geben, lässt sich das Korrespondenzprinzip in der hier diskutierten Form in zwei Teilkomponenten zerlegen. Es enthält zum einen ein Verbot der Doppelbesteuerung, da das Einkommen eines Steuerpflichtigen nur einmal besteuert werden darf. Zum anderen bestimmt es in seinem zweiten Teil aber auch ein Gebot, jedes Einkommen zu versteuern.

---

[265] Ruland, NZS 01, 7 (11); Zitzelsberger, DStZ 84, 467 (472).
[266] Bertuleit/Binne, NZS 97, 49 (52).
[267] BVerfGE 105, 73 (127).

Es ist auch nicht zutreffend, mit der teilweise vertretenen Auffassung das (steuerliche) Korrespondenzprinzip auf den Teil des Verbotes der Doppelbesteuerung zu reduzieren[268]. Zum einen gibt dies den Inhalt eines in der Finanzwissenschaft festgelegten Begriffes unvollständig und damit nicht korrekt wieder. Zum anderen würde lediglich ein zweiter Name für das inhaltsgleiche Verbot der Doppelbesteuerung eingeführt, was inhaltlich nicht weiterführt und begrifflich lediglich für Verwirrung sorgt. Diese Auffassung ist daher abzulehnen.

Auch zwischen den anderen Ansichten besteht hinsichtlich des Verbotes der Doppelbesteuerung keinerlei Differenz. Es ist völlig unstreitig, dass eine doppelte Besteuerung aus verfassungsrechtlicher Sicht nicht zulässig ist. Dies ergibt sich aber bereits unmittelbar aus dem zuvor dargestellten Verbot der Doppelbesteuerung, ohne dass man hier die Geltung eines zusätzlichen Prinzips diskutieren müsste.

Hinsichtlich der Frage, ob es eine Verpflichtung gibt, jedes Einkommen auch mindestens einmal zu versteuern, gehen die Meinungen hingegen auseinander, wobei die von beiden Seiten vorgebrachten Argumente sicherlich nicht von der Hand zu weisen sind. Es ist einerseits zutreffend, dass Ziel der Einkommensteuer ist, das Lebenseinkommen eines Steuerpflichtigen zu besteuern, wie dies die Befürworter des Korrespondenzprinzips anführen. Andererseits muss aber den Gegnern zugestanden werden, dass es aus den verschiedensten Gründen Ausnahmen von diesem Besteuerungsgebot gibt und vor allem aus sozialen Gründen auch geben muss.

Würde man daher eine Geltung des Korrespondenzprinzips befürworten, müsste man hiervon unter bestimmten Bedingungen Ausnahmen zulassen. Die Rechtfertigung für diese Ausnahmen müsste dann in bestimmten sozialen oder anderen Gründen bestehen. Im Ergebnis würde daher nichts anderes als eine Überprüfung an den zum allgemeinen Gleichheitssatz des Art. 3 GG entwickelten Grundsätzen erfolgen. Die Ausnahme vom Korrespondenzprinzip wäre gerechtfertigt, wenn auch die hierin gleichsam zu sehende Ungleichbehandlung gerechtfertigt wäre. Auch diesbezüglich lassen sich die durch das Korrespondenzprinzip aufgestellten Anforderungen also unmittelbar aus einem allgemeinen Prinzip, nämlich dem allgemeinen Gleichheitssatz, herleiten.

---

[268] Bertuleit/Binne, NZS 97, 49 (52).

Vor diesem Hintergrund ist auch der vom BVerfG eingeschlagene Weg zu sehen und zu befürworten, die Verfassungsmäßigkeit der früheren Renten- und Pensionsbesteuerung nicht unter Anwendung des Korrespondenzprinzips, sondern anhand der allgemeinen Maßstäbe zu beurteilen. Es macht keinen Sinn, die Geltung eines (zusätzlichen) allgemeinen Prinzips für die Verfassungsmäßigkeit von Steuergesetzen zu statuieren, wenn dies inhaltlich keine Erweiterungen bringt. Wie dargelegt, lassen sich die durch das Korrespondenzprinzip beabsichtigten Ergebnisse auch unmittelbar aus den allgemeinen Verfassungsgrundsätzen herleiten. Im Übrigen würde das Korrespondenzprinzip, wenn überhaupt, nur mit Einschränkungen gelten, so dass seine Geltung für das Steuerrecht abzulehnen ist.

B. Verfassungsrechtliche Zulässigkeit im Zielstatus

Die Frage der Verfassungsmäßigkeit der nunmehr durch das Alt-EinkG geschaffenen Neuregelungen stellt sich natürlich vorrangig hinsichtlich der gesetzlichen Bestimmungen ohne Berücksichtigung der Übergangsregelungen. Die Erfahrungen gerade mit Reformüberlegungen zur Rentenbesteuerung[269] zeigen nämlich, dass ungeachtet der permanenten politischen Diskussionen über eine durchgreifende Steuerreform damit zu rechnen ist, dass die Neuregelungen seitens des Gesetzgebers in absehbarer Zeit nicht freiwillig wieder geändert werden. Realistischerweise wird in diesem Bereich eine weitere Änderung nur infolge einer weiteren verfassungsgerichtlichen Entscheidung erfolgen.

Es ist daher von besonderer Bedeutung, ob die auf eine dauerhafte Geltung angelegten gesetzlichen Vorschriften mit dem Grundgesetz vereinbar sind. Fraglich erscheint dies insbesondere hinsichtlich der Einordnung der Vorsorgeaufwendungen als Sonderausgaben und deren Begrenzung der Höhe nach[270]. Damit im unmittelbaren Zusammenhang steht die Frage der vollen Besteuerung der Renten unabhängig von der Frage der steuerlichen Berücksichtigung der hierfür geleisteten Beiträge[271]. Weiterhin sollen der Höchstbetrag für sonstige Vorsorgeaufwendungen und eine eventuell unzulässige Ungleichbehandlung verschiedener Typen von Lebensversicherungen überprüft werden [272].

---

[269] siehe hierzu die oben unter II. und III. aufgeführten zahlreichen Reformkommissionen bzw. ähnliche Gremien.

[270] siehe hierzu im Folgenden unter VII. B. 1. und B. 2.

[271] siehe hierzu im Folgenden unter VII. B. 3.

[272] siehe hierzu im Folgenden unter VII. B. 4. und B. 5.

1. Einordnung der Aufwendungen als Sonderausgaben

Der Gesetzgeber ist im Anschluss an die bisherigen Regelungen den Weg der Einordnung der Altersvorsorgeaufwendungen als Sonderausgaben gegangen. Er hat sich nicht dem Vorschlag der Rürup-Kommission angeschlossen, die Aufwendungen als Werbungskosten zu qualifizieren[273]. Es ist zu untersuchen, ob hierdurch ein Verstoß gegen eines der verfassungsrechtlichen Prinzipien der Besteuerung gegeben ist, wobei davon ausgegangen wird, dass ein Abzug als Werbungskosten aufgrund der gesetzlichen Zuweisung der Altersvorsorgeaufwendungen zu den Sonderausgaben nicht möglich ist. In Betracht kommen dann eine Verletzung des Prinzips der Folgerichtigkeit und des damit zusammenhängenden Prinzips der Besteuerung nach der wirtschaftlichen Leistungsfähigkeit einerseits, sowie ein Verstoß gegen das Verbot der Doppelbesteuerung andererseits. Zunächst außer Betracht bleiben soll die Einführung des Abzugshöchstbetrages für Altersvorsorgeaufwendungen, deren verfassungsrechtliche Zulässigkeit später gesondert untersucht wird.

a) Keine Abzugsfähigkeit als Werbungskosten

Ausgangspunkt der in diesem Abschnitt folgenden Betrachtungen ist, dass die Altersvorsorgeaufwendungen entgegen einer teilweise vertretenen Auffassung[274] auch nach der gesetzlichen Neuregelung nicht als Werbungskosten bei den sonstigen Einkünften nach § 22 EStG abgezogen werden können. Wie oben[275] bereits ausführlich dargelegt, stellen die Aufwendungen für die Alterssicherung im System der nachgelagerten Besteuerung zwar Werbungskosten dar. Nach dem Wortlaut des § 10 Abs. 1 Satz 1 EStG, der die Nachrangigkeit des Sonderausgabenabzugs nach der Berücksichtigung als Werbungskosten bestimmt, könnte man davon ausgehen, dass der Werbungskostenabzug unabhängig von der (dann zusätzlichen) Abzugsfähigkeit als Sonderausgaben zu gewähren ist – und zwar in voller Höhe. Hier liegt jedoch ein redaktionelles Versehen des Gesetzgebers vor.

Wie die Vertreter der entgegenstehenden Auffassung teilweise selbst feststellen, würde deren Auslegung des Gesetzes dazu führen, dass die Bestimmung des Sonderausgabenabzugs für Altersvorsorgeaufwendungen völlig ins Leere laufen würde[276]. Anders als beispielsweise beim bisherigen Sonderausgabenabzug für

---

[273] Rürup – Kommission, S. 21.
[274] Heidrich, FR 04, 1321; Intemann/Cöster, DStR 05, 1921; HHR-Kulosa, §10 EStG Anm. J 04-8 (Jahresband 2005).
[275] Unter III. B.
[276] Heidrich, FR 04, 1321 (1322); Intemann/Cöster, DStR 05, 1921 (1923).

Steuerberatungskosten scheidet eine Aufteilung der Altersvorsorgeaufwendungen in einen Werbungskosten- und einen Sonderausgabenanteil nämlich aus, diese sind immer Werbungskosten. Es würden keinerlei Aufwendungen verbleiben, die als Sonderausgaben abgezogen werden könnten. Daher kann die Vorschrift des § 10 Abs. 1 Nr. 2a EStG nach der Entstehungsgeschichte und dem Sinn und Zweck nur so verstanden werden, dass der Gesetzgeber hier die steuerliche Berücksichtigung der Altersvorsorgeaufwendungen konstitutiv den Sonderausgaben zuweisen wollte. Aufgrund der hierdurch gegebenen abschließenden Regelung scheidet ein Werbungskostenabzug nach den allgemeinen Grundsätzen aus[277].

Etwas anderes ergibt sich auch nicht aus den Entscheidungen des BFH zur fehlenden Sperrwirkung des Sonderausgabenabzugs bei Berufsausbildungskosten[278], diese bestätigen vielmehr die hier vertretene Auffassung. Dort hatte der BFH zwar entschieden, dass der Sonderausgabenabzug für Ausbildungskosten nach § 10 Abs. 1 Nr. 7 EStG keine Sperrwirkung für einen Abzug dieser Aufwendungen als Werbungskosten entfalte. Nach den Urteilsgründen war jedoch die entscheidende Voraussetzung hierfür, dass der Gesetzgeber mit der Einführung des Sonderausgabenabzugs bisher steuerlich nicht zu berücksichtigende Aufwendungen zum Abzug zulassen wollte. Aufgrund der bei Einführung der Regelung gültigen Rechtsprechung konnten Berufsausbildungskosten überhaupt nicht steuerlich geltend gemacht werden. Das wollte der Gesetzgeber ändern, es war aber gerade nicht seine Intention, eine gegebene Abzugsmöglichkeit zu begrenzen. Wird dann durch eine spätere Rechtsprechungsänderung ein Abzug von Ausbildungskosten als Werbungskosten möglich, so wird dieser durch den zuvor eingeführten Sonderausgabenabzug nicht ausgeschlossen. Für den Bereich der Altersvorsorgeaufwendungen ist die Ausgangslage aber eine völlig andere. Hier war es gerade die Absicht des Gesetzgebers, die Abzugsmöglichkeit durch die Einführung des Sonderausgabenabzugs zu begrenzen. Der Umkehrschluss aus den zitierten Entscheidungen das BFH ergibt daher, dass in diesem Fall eine Sperrwirkung eintritt, um dem Willen des Gesetzgebers gerecht zu werden. Ein Abzug der Altersvorsorgeaufwendungen als Werbungskosten ist daher nicht möglich.

---

[277] ebenso BFH vom 01.02.2006, DStR 06, 313.

[278] BFH vom 04.12.2002, BStBl. II 03, 403 und vom 17.12.2002, BStBl. II 03, 407, jeweils unter II.3.c. der Urteilsgründe.

b) Verstoß gegen das Prinzip der Folgerichtigkeit

Zu prüfen ist nun zunächst, ob der Gesetzgeber das System der Rentenbesteuerung in sich konsistent (folgerichtig) umgesetzt hat oder ob eine Systemwidrigkeit besteht. Im nächsten Schritt ist dann zu untersuchen, ob diese Systemwidrigkeit auch zu Rechtsfolgenunterschieden führt, denn nicht jede Widersprüchlichkeit stellt automatisch einen Gleichheitsverstoß dar. Sollte dies zu bejahen sein, ist dann im letzten Schritt zu betrachten, ob sich eine Rechtfertigung für die dann vorliegende Ungleichbehandlung finden lässt.

(1) Systemwidrigkeit

Auch für das Vorliegen einer Systemwidrigkeit ist entscheidend, dass die Altersvorsorgeaufwendungen Werbungskosten darstellen. Deren Abzugsfähigkeit beinhaltet auch keine steuerliche Vergünstigung, sondern ist die zwingende Konsequenz aus der nachgelagerten Besteuerung[279]. Der Gesetzgeber hat sich mit dem AltEinkG für die Einführung der nachgelagerten Besteuerung von Renteneinkünften entschieden. In diesem System wäre die einzig folgerichtige Lösung gewesen, die Altersvorsorgeaufwendungen als Werbungskosten zu qualifizieren. Da dies nicht geschehen ist, liegt eine Systemwidrigkeit vor.

(2) Rechtsfolgenunterschiede

Aufgrund der gegebenen Systemwidrigkeit ist nun zu prüfen, ob diese lediglich eine Widersprüchlichkeit darstellt, oder auch einen Gleichheitsverstoß beinhaltet. Hierzu ist zu untersuchen, ob sich durch die fehlerhafte Einordnung nachteilige (ungleiche) Rechtsfolgen für den Steuerpflichtigen ergeben. Entscheidende Frage ist also, ob und wenn ja welche einkommensteuerlichen Konsequenzen es hat, dass Aufwendungen als Sonderausgaben oder als Werbungskosten angesehen werden.

(a) Konsequenzen des Sonderausgabenabzugs

Die Unterscheidung hat zunächst keinen Einfluss auf die grundsätzliche Abzugsfähigkeit der Aufwendungen für die Ermittlung des zu versteuernden Einkommens. Auch aus dem systematischen Unterschied, dass Werbungskosten bei der Ermittlung der Einkünfte berücksichtigt werden[280], Sonderausgaben aber erst bei der Ermittlung des Einkommens[281], ergeben sich keine unmittelbaren nachteiligen Folgen für den Steuerpflichtigen. Der wesentliche inhaltliche Un-

---

[279] vgl. Peffekoven, Ifo – Schnelldienst 21/2000; Söhn, StuW 03, 336.
[280] vgl. § 2 Abs. 2 EStG.
[281] vgl. § 2 Abs. 4 EStG.

terschied zwischen der Einordnung als Sonderausgaben oder als Werbungskosten besteht vielmehr darin, dass bei Sonderausgaben weder eine Verlustverrechnung im gleichen Veranlagungszeitraum, noch ein Verlustvortrag in folgende Zeiträume möglich ist. Im Gegensatz dazu können Werbungskosten zu negativen Einkünften führen, die zunächst mit positiven Einkünften des gleichen Veranlagungszeitraums verrechnet werden und für die auch die Möglichkeit des Verlustvortrages besteht[282]. Die sich hieraus ergebenden (negativen) steuerlichen Konsequenzen lassen sich an folgenden Beispielen verdeutlichen[283]:

Beispiel 1:

Der ledige, freiberuflich tätige Rechtsanwalt R erzielt aus seiner Tätigkeit normalerweise jährlich einen Gewinn von weit über 100.000,- €. Im Veranlagungszeitraum (VZ) 01 betrug der Gewinn jedoch ausnahmsweise nur 50.000,- €. Daneben hat R mehrere vermietete Objekte, aus denen er jährlich Verluste aus Vermietung und Verpachtung zu verzeichnen hat. In 01 betrug dieser Verlust insgesamt 30.000,- €. Zur Sicherung seiner Altersversorgung zahlt R zum einen Beiträge zum berufsständischen Versorgungswerk, die sich in 01 auf 9.750,- € beliefen. Zum anderen hat er eine private Rürup-Rentenversicherung abgeschlossen, für die er jährlich 4.000,- € an Beiträgen zahlt.

In diesem Beispiel beträgt die Summe der Einkünfte des R in 01 20.000,- €. Nach Abzug der Vorsorgeaufwendungen von insgesamt 13.750,- € beträgt sein zu versteuerndes Einkommen 6.250,- € und liegt damit unter dem Grundfreibetrag. Es fällt damit keine Einkommensteuer an. Wären die Altersvorsorgeaufwendungen als Werbungskosten berücksichtigt worden, hätte die Summe der Einkünfte 6.250,- € betragen, ebenso wie das zu versteuernde Einkommen. Daraus ergibt sich, dass sich alleine durch die Verlustverrechung keine Verbesserung im Vergleich zum Sonderausgabenabzug ergibt, wenn das zu versteuernde Einkommen positiv ist.

Beispiel 2 (Abwandlung zu Beispiel 1):

Der Anwalt R aus Beispiel 1 verzeichnet bei sonst gleichen Einkommensverhältnissen im VZ 01 einen Verlust aus Vermietung und Verpachtung von 45.000,- €.

---

[282] vgl. § 10d EStG; Flore, AnwBl. 04, 343 (345 f.).

[283] Die folgenden Beispiele sind stark vereinfacht, um die entscheidenden steuerrechtlichen Konsequenzen besser deutlich zu machen.

Nunmehr beträgt die Summe der Einkünfte 5.000,- €, so dass schon ohne Berücksichtigung der Vorsorgeaufwendungen die Steuer 0,- € beträgt. Diese wirken sich daher steuerlich nicht aus. Bei einer Einordnung als Werbungskosten hätte eine Verrechnung mit den positiven Einkünften stattgefunden, so dass die Summe der Einkünfte negativ gewesen wäre, nämlich ./. 8.750,- €. Insoweit hätte sich ein Verlustvortrag nach 02 ergeben. Damit liegt hier eine nachteilige Folge der Einordnung als Sonderausgaben vor.

Beispiel 3:

> *Der ledige, selbstständig tätige Architekt A erzielt im Jahr 00 einen Gewinn von 400.000,- €. Über weitere Einkünfte verfügt er nicht. Zur Sicherung seiner Altersversorgung hat A eine private Rürup-Rentenversicherung abgeschlossen, für die er ab 00 jährlich 12.000,- € an Beiträgen zahlt. Während des gesamten Veranlagungszeitraums 01 erzielt er keine Umsätze, da die wirtschaftliche Lage ohnehin schwierig ist und er ein Jahr „Pause" einlegt. Erst zu Beginn 02 nimmt er seine Tätigkeit wieder auf und macht Gewinne fast im Umfang des Jahres 00. In 01 bezahlt er die Beiträge zu seiner privaten Rentenversicherung aus Ersparnissen weiter.*

Hier verfügt A in 01 über keinerlei steuerpflichtiges Einkommen, so dass keine Einkommensteuer anfällt. Die Beiträge zur Rentenversicherung wirken sich steuerlich nicht aus. Ein Rück- oder Vortrag in andere Veranlagungszeiträume ist wegen der Einordnung als Sonderausgaben nicht möglich. Falls die Altersvorsorgeaufwendungen als Werbungskosten berücksichtigt worden würden, hätte sich ein Verlustvor- bzw. rücktrag von 12.000,- € ergeben, so dass auch hier die Umqualifizierung der Einkünfte zu einer Benachteiligung führt.

(b) Ungleichbehandlung durch Sonderausgabenabzug

Aus diesen Beispielen ergibt sich eindeutig, dass die Einordnung der Altersvorsorgeaufwendungen als Sonderausgaben nicht nur eine Systemwidrigkeit begründet, sondern dass sie auch nachteilige Rechtsfolgen nach sich zieht. Diese beinhalten auch eine Ungleichbehandlung im Vergleich mit anderen Einkunftsarten. Die Einkommensteuer erfasst die Einkünfte, die der Steuerpflichtige „aus" einer bestimmten Erwerbsgrundlage erzielt[284]. Voraussetzungen sind gem. § 2 Abs. 1 und Abs. 2 EStG eine Erwerbsgrundlage (Zustandstatbestand), deren Nutzung (Handlungstatbestand) und ein sich daraus ergebender Gewinn oder

---

[284] § 2 Abs. 1 EStG.

Überschuss (Erfolgstatbestand). Dieser Belastungsgrund ist im Einkommensteuergesetz tatbestandlich in den jeweiligen Einkunftsarten des § 2 Abs. 1 Nr. 1 bis 7 EStG i.V.m. §§ 13 ff. EStG geregelt[285].

Die Einkünfte aus Altersrenten nach § 22 Nr. 1 Satz 3 lit. a) aa) EStG nehmen diesen einkommensteuerlichen Belastungsgrund auf und fügen sich in das Belastungsprinzip des Einkommensteuergesetzes ein. Durch das mit dem AltEinkG verwirklichte gesetzliche Leitbild der nachgelagerten Besteuerung steht der Tatbestand der Einkünfte aus Altersrenten gleichrangig neben den übrigen Einkunftsarten des Einkommensteuergesetzes. Der Kerngedanke der nachgelagerten Besteuerung ist gerade darin zu sehen, dass der Zufluss von Renten in voller Höhe steuerpflichtige Einnahmen darstellt und damit der Besteuerung unterliegt. Hierin liegt zum einen der entscheidende Unterschied zur bisherigen Ertragsanteilsbesteuerung. Zum anderen ergibt sich daraus, dass durch den Zufluss von Altersrenten einkommensteuerliche Einkünfte vorliegen, die mit den übrigen Einkunftsarten vergleichbar sind und daher auch steuerlich gleich behandelt werden müssen.

Das Einkommensteuergesetz genügt dem Gebot der Gleichbehandlung der Einkunftsarten grundsätzlich insoweit, als es für alle Einkunftsarten den Ausgleich und Abzug von Verlusten vorsieht. Nach § 2 Abs. 2 EStG erfasst das Einkommensteuerrecht alle Einkünfte nach dem Nettoprinzip, da von allen Erwerbseinnahmen die hiermit in Zusammenhang stehenden Aufwendungen zum Abzug zugelassen werden. Besteuert wird nur das disponible Einkommen des Steuerpflichtigen. Dieses Prinzip wird konsequenterweise auch dann durchgehalten, wenn die Erwerbsaufwendungen in einem anderen Veranlagungszeitraum anfallen als die Einnahmen. Es besteht die Möglichkeit zum Abzug vorweggenommener bzw. nachträglicher Aufwendungen sowie zum Verlustrück- bzw. vortrag nach § 10d EStG.

Im Rahmen dieses gesetzlichen Belastungssystems benachteiligt die Einordnung der Vorsorgeaufwendungen als Sonderausgaben diejenigen Steuerpflichtigen, die Aufwendungen für den späteren Bezug von Altersrenten zu tragen haben im Vergleich zu denjenigen, die diese Aufwendungen für andere Einkünfte tätigen[286]. Wer zur Absicherung seiner Alterversorgung beispielsweise in Vermie-

[285] BVerfGE 99, 88 (95).

[286] vgl. zur insoweit vergleichbaren Problematik des ausgeschlossenen Verlustabzugs BVerfGE 99, 88 zur früheren Rechtlage bei Verlusten aus der Vermietung beweglicher Sachen.

tungsobjekte investiert, wird die hierbei in den Anfangsjahren typischerweise entstehenden steuerlichen Verluste auch als solche geltend machen und verrechnen bzw. ggf. auch vortragen können. Insgesamt liegt daher ein Verstoß gegen das Prinzip der Folgerichtigkeit und damit eine Ungleichbehandlung vor.

(3) Fehlende Rechtfertigung

Eine nicht folgerichtige gesetzliche Regelung, die auch zu Ungleichbehandlungen führt, wäre jedoch verfassungsrechtlich zulässig, wenn es hierfür rechtfertigende Gründe gäbe. Diese sind jedoch weder vom Gesetzgeber angeführt worden, noch in irgendeiner Weise ersichtlich.

Wie oben bereits ausgeführt[287], lassen sich in den Gesetzesmaterialien keine Gründe dafür finden, warum entgegen dem Vorschlag der Expertenkommission die Einordnung als Sonderausgaben vorgenommen wurde. Allein das ist ein starkes Indiz dafür, dass es keine Rechtfertigungsmöglichkeit gibt, denn der Gesetzgeber hat bei der verfassungsrechtlich ebenfalls streitigen betragsmäßigen Begrenzung des Sonderausgabenabzugs und der dennoch vorgenommenen vollen Besteuerung wenigstens den Versuch von Rechtfertigungen unternommen[288]. Es ist auch ausgeschlossen, dass das hier vorliegende Problem „übersehen" wurde, denn es lag durch die Ausführungen der Rürup – Kommission offensichtlich auf der Hand. Die Problematik aus Sicht des Gesetzgebers lag vielmehr darin, dass die wahren Gründe für diese Entscheidung, nämlich der Ausschluss der aus haushaltspolitischen Gründen ungewollten Verlustverrechnung, für eine Rechtfertigung nicht herangezogen werden konnten. Der Finanzbedarf des Staates ist nämlich nicht geeignet, eine verfassungswidrige Steuer zu rechtfertigen[289].

Darüber hinaus sind auch keine anderen Rechtfertigungsgründe ersichtlich. Es liegt weder eine Typisierung zur Vermeidung übermäßigen Verwaltungsaufwandes vor, noch sollen unerwünschte Steuergestaltungen eingedämmt werden. Das Gegenteil ist der Fall. Der Gesetzgeber wollte die private Altersvorsorge ja gerade gefördert werden.

Dort war ein Verlustabzug ebenfalls nicht möglich, was das BVerfG als verfassungswidrig ansah.

[287] unter III. B. 2.

[288] vgl. hierzu im einzelnen die folgenden Ausführungen.

[289] BVerfGE 82, 60 (89).

c) Verstoß gegen das Doppelbesteuerungsverbot

Im zuvor dargestellten *Beispiel 3* zeigt sich, dass die Einordnung der Altersvorsorgeaufwendungen als Sonderausgaben einen Verlustvor- oder rücktrag verhindert. Zu prüfen ist daher, ob darin neben dem soeben dargestellten Verstoß gegen das Prinzip der Folgerichtigkeit auch ein Verstoß gegen das Verbot der Doppelbesteuerung zu sehen ist. Falls dem so sein sollte, stellt sich die zusätzliche Frage, wann A als Betroffener die hierin liegende Grundrechtsverletzung geltend machen kann.

(1) Vorliegen Doppelbesteuerung

Im *Beispiel 3* hat *A* im Veranlagungszeitraum 01 die Beiträge zur privaten Rentenversicherung aus seinen Ersparnissen und damit aus versteuertem Einkommen finanziert. Darüber hinaus unterliegen die späteren Leistungen aus seiner Rentenversicherung aber auch der vollen nachgelagerten Besteuerung, so dass insgesamt eine Doppelbesteuerung vorliegt. Wie oben[290] dargestellt, ist diese auch verfassungsrechtlich nicht zu rechtfertigen, so dass eine Grundrechtsverletzung vorliegt.

(2) Zeitpunkt der Geltendmachung

Für den Steuerpflichtigen, der in einem Veranlagungszeitraum steuerlich nicht berücksichtigte Altersvorsorgebeiträge geleistet hat, stellt sich natürlich die Frage, ob er bereits durch den nicht gewährten steuerlichen Abzug der Beiträge in seinen Grundrechten verletzt ist. Nur dann könnte er auch in diesem Jahr entsprechende gerichtliche Schritte mit Aussicht auf Erfolg einleiten. Am *Bsp. 3* betrachtet, stellt sich für A die Frage, ob er bereits im Jahr 01 gegen seinen Einkommensteuerbescheid wegen des fehlenden Abzugs vorgehen kann oder aber bis zur Auszahlung seiner Rente warten muss, um die Doppelbesteuerung zu rügen. Bei einer unzulässigen Doppelbesteuerung könnte man aber die Auffassung vertreten, dass diese erst dann gerügt werden kann, wenn tatsächlich zum zweiten Mal besteuert wird. Erst dann könnte der Grundrechtseingriff endgültig vollzogen sein. Für die Rentenbesteuerung würde das bedeuten, dass erst bei der Besteuerung der Rentenauszahlung ein entsprechender Verstoß geltend gemacht werden könnte. Es mögen Fälle der Doppelbesteuerung denkbar sein, in denen die Verletzung der Grundrechte erst im Zeitpunkt der zweiten Besteuerung vorliegt - ersichtlich sind diese jedoch derzeit nicht. Zumindest für den Fall der doppelten Besteuerung der Alterseinkünfte in der hier vorliegenden Weise muss es dem Steuerpflichtigen aber möglich sein, diese bereits bei der Nichtberück-

[290] vgl. Oben VII. A. 3. a) (2).

sichtigung seiner Beiträge geltend zu machen[291]. Bereits in diesem Zeitpunkt sind alle Voraussetzungen für den Grundrechtseingriff erfüllt. Darüber hinaus würde die andere Sichtweise zu einer erheblichen Rechtsunsicherheit führen. Schließlich hätte die Möglichkeit einer späteren Geltendmachung das nicht hinzunehmenden Ergebnis, dass eine verfassungsrechtliche Überprüfung aufgrund einer Verfassungsbeschwerde des Steuerpflichtigen zu einem anderen Ergebnis führen würde als ein konkretes Normenkontrollverfahren, obwohl Normen aus einem insgesamt zu überprüfenden Normenkomplex auf den konkreten Steuerpflichtigen bereits Anwendung finden.

(a) Grundrechtseingriff vollzogen

Das entscheidende Argument dafür, bereits im Zeitpunkt der steuerlichen Nichtberücksichtigung der Altersvorsorgeaufwendungen von einem Grundrechtseingriff auszugehen, ist die Tatsache, dass bereits zu diesem Zeitpunkt alle Voraussetzungen für die doppelte Besteuerung gegeben sind. Die Grundrechtsbeeinträchtigung liegt daher bereits vor, auch wenn sie aufgrund der noch fehlenden, durch das Erleben der Rentenzahlungen aufschiebend bedingten zweiten Besteuerung noch nicht endgültig vollzogen ist.

Die erstmalige Besteuerung hat bereits stattgefunden, da die Beiträge über den Abzugshöchstbetrag hinaus nicht steuermindernd geltend gemacht werden konnten und damit aus dem grundrechtlich geschützten konsolidierten Vermögen geleistet wurden. Würde man die Regelungen zum (Sonder-) Ausgabenabzug isoliert betrachten, läge darin nicht zwingend eine Grundrechtsverletzung. Diese könnte durch entsprechende Bestimmungen zur anschließenden Besteuerung der Altersrenten vermieden werden. Beide Bereiche sind aber so eng verknüpft, dass sie nur insgesamt beurteilt werden können. Diese Gesamtbetrachtung des Regelungskomplexes ergibt aber, dass hier eine Grundrechtsverletzung vorliegt.

Der Steuerpflichtige hat außerdem bereits im Zeitpunkt der Beitragszahlungen keine Möglichkeit, die zweite Besteuerung zu vermeiden, diese ist lediglich aufschiebend bedingt. Aufgrund der bestehenden Gesetzeslage kommt er in den Genuss seiner Rentenzahlungen nur mit der Bürde einer weiteren Besteuerung. Er hat keine Möglichkeit, die ihm zustehenden Einkünfte außerhalb der Einkommensteuerpflicht zu beziehen, die zu erwartenden Rentenzahlungen sind

---

[291] im Ergebnis ebenso: HHR – Kulosa, vor § 22, Anm. J 04-11 (Jahresband 2005); a.A. Brall/Bruno-Latocha/Lohmann, DRV 03, 465 (484).

unbeschränkt steuerverhaftet. Eine Besteuerung tritt nur dann nicht auf, wenn es aufgrund des Todes des Steuerpflichtigen nicht zu Zahlungen kommt.

Soweit der Steuerpflichtige daher über die eigentumsrechtlich geschützte Positionen des konsolidierten Vermögens in einer Weise verfügt hat, die ihm einen Zugriff hierauf erst wieder nach einer unvermeidbaren erneuten Besteuerung erlaubt, so liegt bereits im Zeitpunkt der Verfügung des Steuerpflichtigen eine Grundrechtsverletzung vor. Diese kann daher auch geltend gemacht werden.

(b) Rechtsunsicherheit

Würde man einen Grundrechtsverstoß erst im Zeitpunkt der effektiven zweiten Besteuerung annehmen, hätte dies für den Steuerpflichtigen eine nicht hinzunehmende Rechtsunsicherheit zur Folge. Er wäre gezwungen, über viele Jahre der Ansparphase die steuerliche Nichtberücksichtigung seiner Aufwendungen hinzunehmen ohne zu wissen, wie die hieraus resultierenden Renten steuerlich behandelt werden. Solche Unsicherheiten sind für einen Steuerpflichtigen aber nicht hinnehmbar.

(c) Einheitliche Beurteilung

Würde man davon ausgehen, dass die Unzulässigkeit einer Doppelbesteuerung vom Steuerpflichtigen erst geltend gemacht werden kann, wenn diese tatsächlich vollzogen ist, würde sich die Verfassungsmäßigkeit der Normen anders beurteilen, je nachdem ob diese im Wege der Verfassungsbeschwerde nach Art. 93 Abs. 1 Nr. 4a GG oder mittels einer konkreten Normenkontrolle nach Art. 100 Abs. 1 GG vom BVerfG überprüft würden, obwohl Normen aus einem insgesamt zu überprüfenden Normenkomplex auf den konkreten Steuerpflichtigen bereits Anwendung finden.

Bei dieser Sichtweise, wäre eine gegen den fehlenden (Sonder-) Ausgabenabzug eingelegte Verfassungsbeschwerde nach § 90 BVerfGG unzulässig, da keine Beschwerdebefugnis vorliegen würde. Erforderlich hierfür ist nämlich, dass der Beschwerdeführer in seinen Grundrechten selbst, gegenwärtig und unmittelbar verletzt ist[292]. An der erforderlichen Gegenwärtigkeit der Grundrechtsverletzung würde es aber fehlen, da diese gerade erst bei der zweiten Besteuerung eintreten würde. Eine mögliche Betroffenheit irgendwann in der Zukunft reicht aber nicht

[292] Jarass/Pieroth – Pieroth, Art 93 RN 53.

aus[293]. Das BVerfG könnte die Verfassungsmäßigkeit der Normen (noch) nicht prüfen, die Verfassungsbeschwerde wäre als unzulässig zurückzuweisen.

Demgegenüber würde aber eine konkrete Normenkontrolle dazu führen, dass das BVerfG die Verfassungswidrigkeit der Normen feststellen würde. Vorlagegegenstand für ein konkretes Normenkontrollverfahren sind einzelne Rechtsnormen[294], bei denen ein Gericht von der Verfassungswidrigkeit überzeugt ist. Aufgrund der oben dargestellten sehr engen Verknüpfung der Regelungen zum (Sonder-) Ausgabenabzug und der späteren Besteuerung der Altersrenten ergibt sich die Verfassungswidrigkeit des Gesamtkomplexes erst aus dem Zusammenwirken der Einzelregelungen. Dies wird auch an der Rentenentscheidung[295] deutlich. Deren Verfassungswidrigkeit ergab sich auch erst aus dem Vergleich der Normen zur steuerlichen Behandlung von Renten und Pensionen, wobei auch jeweils die Regelungen in der Anspar- und der Nacherwerbsphase in den Vergleich einbezogen werden mussten. Der maßgebliche Regelungskomplex könnte daher auch hier nur insgesamt Gegenstand des Normenkontrollverfahrens sein. Dafür ist auch ausreichend, dass eine der Normen für die Entscheidung des Gerichtes im Einzelfall entscheidungserheblich ist. Das BVerfG würde die Verfassungswidrigkeit der Normen feststellen.

In diesem konkreten Fall kann aber die Beurteilung der Verfassungsmäßigkeit des maßgeblichen Normenkomplexes nicht unterschiedlich ausfallen, je nachdem mit welchem Verfahren die Überprüfung erfolgt. Solch unterschiedliche Ergebnisse sind zwar nicht von vorneherein ausgeschlossen, sofern verfassungsrechtliche Normen auf einen Steuerpflichtigen nicht angewendet werden. Dem ist aber hier nicht so, denn einzelne Regelungen aus dem Gesamtzusammenhang werden angewendet, so dass hier beide Verfahren zum gleichen Ergebnis führen müssen.

(d) Zwischenergebnis

Insgesamt gesehen kann daher ein Steuerpflichtiger die Verfassungswidrigkeit der Doppelbesteuerung von Altersvorsorgeaufwendungen und Altersrenten schon in dem Zeitpunkt geltend machen, in dem seine Altersvorsorgeaufwendungen steuerlich nicht berücksichtigt werden.

---

293 BVerfGE 1, 97 (102).
294 BVerfGE 55, 274 (327).
295 BVerfGE 105, 73.

d) Ergebnis

Durch die Einordnung der Vorsorgeaufwendungen als Sonderausgaben liegt wegen Verstößen gegen das Prinzip der Folgerichtigkeit und das Verbot der Doppelbesteuerung eine verfassungswidrige Regelung vor. Dies gilt auch für diejenigen Aufwendungen, die in der gesetzlichen Übergangsphase zur nachgelagerten Besteuerung bis 2040 geleistet werden, da auch diese bereits dem Besteuerungskonzept der nachgelagerten Besteuerung unterliegen und damit Werbungskosten darstellen[296].

2. Begrenzung Sonderausgabenabzug

Ebenfalls entgegen dem Vorschlag der Rürup-Kommission[297] hat sich der Gesetzgeber entschlossen, eine dem § 10 Abs. 3 EStG a.F. vergleichbare Regelung zu schaffen und für die abziehbaren Altersvorsorgeaufwendungen einen Höchstbetrag einzuführen. Ob dies verfassungsrechtlich zulässig ist, wird nun im Folgenden zu untersuchen sein. Dabei soll zunächst isoliert die Frage der Höchstbetragsbegrenzung betrachtet werden und zwar unabhängig von dem Problem der Besteuerung von späteren Renteneinkünften, für deren Beiträge ein Sonderausgabenabzug in der Ansparphase aufgrund des Höchstbetrages nicht möglich war. Unter dieser Einschränkung kommt auch hier ein Verstoß gegen das Verbot der Doppelbesteuerung (zunächst) nicht in Betracht[298]. Zu prüfen ist aber ein Verstoß gegen das objektive Nettoprinzip.

Dazu wird im ersten Schritt dargestellt, dass ein solcher Verstoß vorliegt, obwohl die Altersvorsorgeaufwendungen nach den Regelungen des AltEinkG Sonderausgaben darstellen, für deren verfassungsrechtliche Beurteilung systematisch eigentlich das subjektive Nettoprinzip maßgebend wäre. Da der Gesetzgeber nach der Rechtsprechung des BVerfG jedoch nicht zu einer „reinen" Verwirklichung des objektiven Nettoprinzips verpflichtet ist[299], wird der Schwerpunkt der Betrachtung im zweiten Schritt in der Problematik der eventuellen sachlichen Rechtfertigung dieses Verstoßes liegen. Hierbei ist dann auch zu berücksichtigen, dass die Frage der Verfassungsmäßigkeit des § 10 Abs. 3 EStG a.F. bereits mehrfach Gegenstand höchstrichterlicher Rechtsprechung war[300]. Es ist daher auch zu untersuchen, ob die dort entwickelten Grundsätze auf Basis der nunmehr gegebenen Rechtslage Anwendung finden können.

---

296 Intemann/Cöster, DStR 05, 1921 (1924).

297 Rürup – Kommission, S. 24.

298 vgl. zu diesem weiteren Problem den folgenden Abschnitt.

299 vgl. Söhn, StuW 03, 332.

300 BVerfG vom 20.08.97, Inf 97, 736; BFH/NV 99,163; DStRE 05,574.

a) Verstoß gegen das objektive Nettoprinzip

Nach der Einführung der nachgelagerten Besteuerung durch das AltEinkG stellen die Altersvorsorgeaufwendungen steuersystematisch Werbungskosten dar. Die verfassungsrechtliche Überprüfung des für sie geltenden Höchstbetrages muss daher anhand des objektiven Nettoprinzips erfolgen[301]. An dieser Beurteilung ändert auch die Tatsache nichts, dass der Gesetzgeber die Aufwendungen als Sonderausgaben eingeordnet hat, für die eigentlich das subjektive Nettoprinzip einschlägig wäre.

Diese Zuordnung ist zwar für sich gesehen schon verfassungswidrig, was aber für die hier anzustellende Betrachtung außer Acht gelassen werden kann. Auch wenn die Einordnung als Sonderausgaben isoliert betrachtet lediglich systemwidrig, aber verfassungsgemäß wäre (z.B. weil für Sonderausgaben auch eine Art „Verlustverrechnung" vorgesehen wäre), hätte dies keine Relevanz. Die Überprüfung der Verfassungsmäßigkeit des Höchstbetrages ist unabhängig von der konkreten gesetzlichen Einordnung auf der Basis durchzuführen, dass Altersvorsorgeaufwendungen nach dem gesetzlichen Grundprinzip nunmehr Werbungskosten darstellen. Eine andere Beurteilung ist faktisch schon nicht möglich und würde, wollte man es dennoch versuchen, die Geltung der grundgesetzlichen Schranken der Besteuerung unterlaufen.

(1) Unanwendbarkeit des subjektiven Nettoprinzips

Eine Überprüfung der verfassungsrechtlichen Zulässigkeit eines Abzugshöchstbetrages für Werbungskosten anhand der für Sonderausgaben geltenden Maßstäbe (subjektives Nettoprinzip) ist faktisch unmöglich, da die Anforderungen an eine verfassungskonforme Regelung bei Sonderausgaben schon von der Ausgangslage her völlig andere sind als bei Werbungskosten.

Bei Werbungskosten ist der Abzug aufgrund des objektiven Nettoprinzips grundsätzlich zwingend und Ausnahmen hiervon müssen an den Maßstäben des Art. 3 Abs. 1 GG gemessen werden[302]. Als Vergleichsgruppen im Rahmen der Prüfung des Art. 3 Abs. 1 GG können hierbei aber lediglich andere Werbungskosten bzw. die Behandlung von Aufwendungen bei anderen Einkunftsarten herangezogen werden, denn der allgemeine Gleichheitssatz verpflichtet dazu, wesentlich Gleiches zu gleich zu behandeln. Sofern unterschiedliche Regelungen vorliegen, ist zu überprüfen, ob ausreichende sachliche Gründe diese rechtferti-

---

[301] vgl. Söhn, StuW 03, 332 (336).
[302] vgl. oben VII. A. 1) a) (1).

gen. Die Tatsache, dass beispielsweise bestimmte („echte") Sonderausgaben in verfassungsgemäßer Art und Weise in ihrem Abzug der Höhe nach beschränkt sind, vermag dabei aber niemals die betragsmäßige Begrenzung eines Werbungskostenabzugs zu rechtfertigen. Es ist ausgeschlossen, für die Überprüfung einer eventuellen Ungleichbehandlung im Werbungskostenbereich einen Vergleich mit Sonderausgaben anzustellen.

Demgegenüber gilt für Sonderausgaben, dass diese nur dann zwingend zum steuerlichen Abzug zuzulassen sind, wenn das subjektive Nettoprinzip es gebietet. Dabei stellt sich die Frage, ob die getätigten Aufwendungen für die Zukunftssicherung des Steuerpflichtigen unvermeidbar waren[303]. Nur wenn dies der Fall ist, muss der Abzug vom Gesetz zwingend zugelassen werden. Die Frage der Vermeidbarkeit spielt im Bereich des Werbungskostenabzugs aber keine Rolle. Dort kommt es lediglich auf den objektiven Zusammenhang mit Erwerbseinkünften an, so dass auch insoweit eine nicht vergleichbare Situation gegeben ist. Es ist also auch nicht möglich, für die Überprüfung der Verfassungsmäßigkeit einer Regelung zu Sonderausgaben auf den Werbungskostenbereich zurückzugreifen.

(2) Unterlaufen der grundgesetzlichen Schranken

Würde man dennoch annehmen, dass für eine verfassungsrechtliche Überprüfung die Zuordnungsentscheidung des Gesetzgebers bindend wäre, läge es außerdem in dessen Hand, durch seine (falsche) Einordnung bestimmter Ausgaben innerhalb des Einkommensteuergesetzes zu bewirken, dass deren verfassungsrechtliche Beurteilung anhand anderer Maßstäbe durchgeführt wird. Er könnte sich von Fall zu Fall für seine Entscheidung den Bereich aussuchen, in dem die verfassungsrechtliche Rechtfertigung einer Ungleichbehandlung leichter möglich ist. Dies würde den Schutz des Art. 3 GG aber in einer nicht vertretbaren Weise aufweichen. Der Gesetzgeber könnte nahezu beliebig die verfassungsrechtlichen Schranken der Besteuerung durch einfachgesetzliche Ausgestaltung umgehen und die Geltung des Grundgesetzes damit aushöhlen.

Was auf Grundlage der Systematik des geltenden Rechts Werbungskosten darstellt, muss daher auch aus verfassungsrechtlicher Sicht an den für Werbungskosten geltenden Maßstäben gemessen werden. Folglich ist auch eine eventuelle Verfassungswidrigkeit des Höchstbetrages für Altersvorsorgeaufwendungen

---

[303] vgl. oben VII. A. 1) a) (2).

nicht anhand des für Sonderausgaben geltenden subjektiven Nettoprinzips zu beurteilen, sondern am objektiven Nettoprinzip zu messen.

(3) Verletzung des objektiven Nettoprinzips

Wie oben dargestellt[304], beschreibt das objektive Nettoprinzip die verfassungsrechtlichen Vorgaben für die Ermittlung steuerpflichtiger Einkünfte. Es verlangt, dass alle Aufwendungen, die im Zusammenhang mit dem Erwerb von Einkünften anfallen, bei der Ermittlung des steuerpflichtigen Einkommens zum Abzug zugelassen werden. Sie sind für den Steuerpflichtigen nicht disponibel und dürfen daher nicht der Einkommensteuer unterworfen werden. Das objektive Nettoprinzip gebietet die uneingeschränkte Berücksichtigung der Erwerbsaufwendungen, so dass eine Begrenzung des Ausgabenabzugs der Höhe nach vorbehaltlich einer sachlichen Rechtfertigung zunächst mit dem objektive Nettoprinzip unvereinbar ist.

Nach der Einführung der nachgelagerten Besteuerung durch das AltEinkG stellen die Altersvorsorgeaufwendungen steuersystematisch Werbungskosten dar und müssten nach dem objektiven Nettoprinzip unbeschränkt abzugsfähig sein[305]. Die Begrenzung des Abzugs der Höhe nach stellt daher eine Abweichung vom objektiven Nettoprinzip dar.

b) Fehlende Rechtfertigung

Der soeben festgestellte Verstoß gegen das „reine" objektive Nettoprinzip stellt allerdings nur dann einen Verfassungsverstoß dar, wenn sich hierfür keine Rechtfertigungsgründe finden lassen. Entsprechende Begründungsansätze lassen sowohl die Gesetzesmaterialien als auch Ausführungen in der Literatur erkennen. Es ist daher zunächst zu prüfen, ob diese Argumente tatsächlich geeignet sind, die Durchbrechung des objektiven Nettoprinzips zu rechtfertigen. Falls dem nicht so sein sollte, wäre zu untersuchen, ob sich andere Gründe finden lassen.

In den Gesetzesmaterialien[306] heißt es, dass der Höchstbetrag von Altersvorsorgeaufwendungen von 20.000,- € weit oberhalb des Höchstbetrages zur gesetzlichen Rentenversicherung liegt, so dass steuerlich geförderte Altersvorsorge auch außerhalb der gesetzlichen Pflichtversicherungssysteme ermöglicht wird. Nach Auffassung des Gesetzgebers werden dadurch einerseits eine angemessene Al-

---

[304] vgl. oben VII. A. 1) a) (1).
[305] vgl. Söhn, StuW 03, 332 (336); Neufang, Stbg 04, 551 (555); Rürup – Kommission, 24.
[306] BT-Drucks. 15/2150, 22 .

tersvorsorge steuerlich freigestellt und andererseits missbräuchliche Gestaltungen vermieden. Auch *Söhn*[307] und *Risthaus*[308] vertreten wie auch schon die Rürup-Kommission[309] diese Auffassung insoweit, als auch sie die Begrenzung auf eine Mindestvorsorge im Alter als sachliche Rechtfertigung ansehen. Dabei gehen *Söhn* und die Kommission zwar davon aus, dass in diesem Fall die Besteuerung entsprechend den Riester-Renten erfolgt. Das kann aber aufgrund der an dieser Stelle der Untersuchung vorgenommenen Einschränkung außer Betracht bleiben, da die genannten Autoren das Argument ja grundsätzlich anerkennen und das weitere Problem der Doppelbesteuerung später gesondert betrachtet wird. Darüber hinaus führt *Söhn* fiskalische Gründe an. *Weber-Grellet*[310] stimmt dem Gesetzgeber darin zu, dass sein Anliegen, Missbräuche zu vermeiden, gerechtfertigt sei. Darüber hinaus stellt er darauf ab, dass der Steuerpflichtige, der freiwillig höhere Aufwendungen leiste, wisse, worauf er sich einlasse. Der Höchstbetrag sei daher verfassungsrechtlich nicht zu beanstanden.

An diesen Aussagen lässt sich nicht bestreiten, dass der Abzugshöchstbetrag oberhalb des Höchstbetrages zur gesetzlichen Rentenversicherung liegt und damit noch ein erheblicher Spielraum für private Altersvorsorge verbleibt. Es trifft aber nicht zu, dass durch den für private Altersvorsorge verbleibenden Abzugsbetrag eine steuerlich geförderte Altersvorsorge ermöglicht wird. Wie bereits ausgeführt, stellt der Abzug von Beiträgen in der Ansparphase im System der nachgelagerten Besteuerung gerade keine steuerliche Förderung oder Subvention dar, sondern ist eine steuersystematisch zwingende Notwendigkeit[311]. Von einer „Förderung" kann daher keine Rede sein. Auch im Übrigen sind die Argumente nicht geeignet, die Einführung des Abzugshöchstbetrags zu rechtfertigen.

(1) Sicherung angemessener Vorsorge

Für die hier anzustellenden Rechtfertigungsüberlegungen ist es völlig irrelevant, ob der Betrag von 20.000,- € ausreicht, um eine nach Ansicht des Gesetzgebers angemessene Altersvorsorge zu sichern. Die Frage der Angemessenheit wäre nach den zuvor angestellten Überlegungen nur dann entscheidend, wenn es sich bei den Altersvorsorgeaufwendungen tatsächlich um Sonderausgaben handeln würde. Dies war nach der früheren Gesetzeslage (§ 10 Abs. 3 EStG a.F.) noch der Fall, so dass es auch für deren verfassungsrechtliche Rechtfertigung ausrei-

---

307 Söhn, StuW 03, 332 (336).
308 Risthaus, DB 04, 1329 (1331).
309 Rürup – Kommission, 25.
310 Weber-Grellet, DStR 04, 1721 (1726).
311 vgl. oben VII. B) 1) a).

chend war, dass der Höchstbetrag Aufwendungen freistellte, die zu einer das Existenzminimum sichernden Rente führten[312].

Nach der nunmehr geltenden Rechtslage liegen aber entgegen der einfachgesetzlichen Regelung Werbungskosten vor, so dass eine Begründung für die Abweichung vom objektiven Nettoprinzip erforderlich wäre. Dabei ist entscheidend, dass die Alterseinkünfte die einzige Einkunftsart im EStG sind, bei der die Werbungskosten insgesamt durch einen absoluten Betrag der Höhe nach begrenzt sind. Bei allen anderen Einkunftsarten gibt es zwar in bestimmten Bereichen Pauschalierungen oder Begrenzungen bestimmter einzelner Werbungskosten. Ein absoluter Höchstbetrag ist dem EStG ansonsten aber fremd. Entscheidend ist daher nach der oben[313] näher dargelegten, zutreffenden Auffassung des BVerfG, ob sich die Alterseinkünfte so weitgehend von allen übrigen Einkünften unterscheiden, dass diese Verschiedenbehandlung im Hinblick auf den allgemeinen Gleichheitssatz sachlich ausreichend gerechtfertigt ist. Eine solche Begründung vermögen Überlegungen zur Angemessenheit einer Altersversorgung aber nicht zu liefern, so dass durch dieses Argument des Gesetzgebers die Einführung des Höchstbetrages nicht gerechtfertigt werden kann.

(2) Vermeidung missbräuchlicher Gestaltungen

Um beurteilen zu können, ob die Einführung des Höchstbetrages für Altersvorsorgeaufwendungen dazu geeignet ist, missbräuchliche Gestaltungen zu verhindern, muss zunächst untersucht werden, wie diese Gestaltungen aussehen könnten bzw. worin der Missbrauchsvorwurf zu sehen wäre. Erst wenn solche Modelle denkbar und realistisch erscheinen, kann beurteilt werden, ob der Höchstbetrag zu deren Vermeidung geeignet und angemessen ist.

Der Gesetzgeber sieht die Missbrauchsgefahr wohl darin, dass Steuerpflichtige sehr stark in Altersvorsorgeprodukte investieren und in der Ansparphase hierfür hohe Beiträge steuerlich geltend machen können. Die Steuerersparnis läge dann in der Differenz zwischen den Steuersätzen in der aktiven Lebensphase und denen im Alter. Die steuerliche Belastung sei in der aktiven Lebensphase typischerweise höher[314]. Dieses Argument erscheint auf den ersten Blick noch recht plausibel, trägt bei genauer Betrachtung die getroffene Entscheidung aber dennoch aus mehreren Gründen nicht.

---

312 BVerfG vom 20.08.1997, Inf 97, 736.
313 vgl. oben VII. A. 1) a) (1).
314 BT-Drucks. 15/2150, 22.

(a) Kein Missbrauch

Die Argumentation ist zum einen schon von ihrem Ausgangspunkt her nicht nachvollziehbar. Die angeblich missbräuchliche Handlung besteht lediglich darin, den Höchstbetrag übersteigende Geldbeträge in die eigene Altersversorgung und damit in den Bereich einer bestimmten Einkunftsart des EStG zu investieren. Wer so vorgeht, wählt keine ungewöhnliche Konstruktionen, um lediglich einen steuerlichen Vorteil daraus zu ziehen. Ein so handelnder Steuerpflichtiger entscheidet sich nur für einen von mehreren Wegen, sein Einkommen zu verwenden. Es ist auch keineswegs so, dass er Einkommen der Steuer komplett entziehen will oder kann, es werden vielmehr lediglich eine bestimmte Form und ein bestimmter Zeitpunkt der Besteuerung gewählt. Aus Sicht des Einkommensteuerrechts sind aber alle Einkunftsarten als gleichwertig anzusehen. Es würde auch niemand ernsthaft auf die Idee kommen, einem Steuerpflichtigen Missbrauch vorzuwerfen, weil er in ein Vermietungsobjekt anstatt in Kapitalvermögen investiert, um dadurch in den Genuss der bei den Einkünften aus Vermietung und Verpachtung in den Anfangsjahren typischerweise entstehenden steuerlichen Verluste zu kommen. Sofern der Steuerpflichtige von mehreren ihm zur Auswahl stehenden Angeboten dasjenige auswählt, das ihm steuerlich die größten Vorteile bringt, ist darin nach den zu § 42 AO entwickelten Grundsätzen kein Missbrauch zu sehen. Dem Steuerpflichtigen bleibt es grundsätzlich unbenommen, die für ihn günstige Regelung zu wählen[315]. Es kann daher aus steuerlicher Sicht schon nicht als Missbrauch angesehen werden, wenn sich ein Steuerpflichtiger entscheidet, Beiträge über den Höchstbetrag hinaus für seine Altersversorgung aufzuwenden.

(b) Geringe Steuersatzdifferenz

Hinzu kommt, dass durch die Einführung der nachgelagerten Besteuerung die Steuersätze zwischen der aktiven Lebensphase und dem Alter nicht mehr so stark differieren werden. Die bisherige Ertragsanteilsbesteuerung hat dazu geführt, dass ein großer Teil der Rentner keine Einkommensteuer mehr zu zahlen hatte, zumindest wenn keine weiteren Einkünfte vorlagen. Dies wird nach der vollständigen Umstellung auf die nachgelagerte Besteuerung deutlich anders sein, so dass der hierdurch zu erzielende Vorteil bei weitem nicht mehr so stark ins Gewicht fallen wird.

---

[315] Klein, § 42 RN 2, BFH, BStBl. II 96, 443; TK, § 42 AO RN 3.

(c) Keine hohen Investitionen zu erwarten

Im Übrigen erscheint es auch nicht erforderlich, diese irrigerweise als missbräuchlich eingestuften Gestaltungen auszuschließen, da sie ohnehin die Ausnahme darstellen dürften. Die enge gesetzliche Fassung des Begriffs der Altersvorsorgeaufwendungen wird dazu führen, dass nur wenige rational denkende Menschen mit hohem Einkommen überaus hohe Beiträge hier investieren werden[316]. Die Einschränkungen der Nichtveräußerbar-, Nichtübertragbar-, Nichtbeleihbar-, Nichtkapitalisierbar- und Nichtvererblichkeit führen dazu, dass Investitionen in Altersvorsorgeprodukte auch Spekulationen gegen das eigene Leben darstellen[317]. Wird das Rentenalter nicht erreicht oder der Steuerpflichtige kommt nur kurz in der Genuss einer Rente, wäre der in der Ansparphase gegebene Steuervorteil durch den Verlust des (fast) gesamten Kapitals – auch für die Nachkommen – teuer erkauft. Es spricht also nichts dafür, dass diese Konstellationen zukünftig in großem Umfang als „Steuersparmodell" verwendet werden.

(3) Fiskalische Gründe

Wie schon für die Frage der Zuordnung der Altersvorsorgeaufwendungen zu den Sonderausgaben, können auch hier keine fiskalischen Gründe für die Rechtfertigung des Höchstbetrages herangezogen werden. Der Finanzbedarf des Staates ist nicht geeignet, eine verfassungswidrige Steuer zu rechtfertigen[318].

(4) Kenntnis des Steuerpflichtigen

Höchst überraschend ist das Argument, dass die Einführung des Höchstbetrages damit gerechtfertigt werden soll, dass der Steuerpflichtige weiß, worauf er sich einlässt und seine Investitionen freiwillig tätigt[319]. Wäre dies als Rechtfertigung für eine Abweichung vom objektiven Nettoprinzip ausreichend, könnte damit jede verfassungswidrige gesetzliche Regelung gerechtfertigt werden. Ein Steuerpflichtiger ist nie gezwungen, bestimmte Einkünfte zu erzielen. Er kann immer wählen, ob er überhaupt Einkünfte erzielt und wenn ja, in welcher Weise. Ihm ist auch stets bekannt, welche steuerlichen Folgen seine jeweilige Entscheidung nach sich ziehen wird. Folglich wäre damit jede beliebige steuerliche Regelung verfassungsgemäß. Dies kann aber nicht zutreffend sein, so dass eine Rechtfertigung nicht mit der Kenntnis des Steuerpflichtigen erfolgen kann.

---

[316] ebenso HHR/Kulosa, zu § 10 Anm. J 04-22 (Jahresband 2005); 65. Juristentag, NJW 04, 3241 (3242); Brall/Bruno-Latocha/Lohmann, DRV 03, 673 (675).
[317] Söhn, StuW 03, 332 (336).
[318] BVerfGE 82, 60 (89).
[319] Weber-Grellet, DStR 04, 1721 (1726).

(5) Sonstige Rechtfertigungsgründe

Wie soeben dargelegt, sind die bisher vorgebrachten Argumente nicht geeignet, den durch die Einführung des Abzugshöchstbetrages für Altersvorsorgeaufwendungen gegebenen Verstoß gegen das objektive Nettoprinzip zu rechtfertigen. Es sind aber auch keine anderen Rechtfertigungsgründe ersichtlich. Insbesondere wurden keine Typisierungen oder Pauschalierungen vorgenommen, die zu einer deutlichen Reduzierung des Verwaltungsaufwandes führen würden. Bei den Alterseinkünften handelt es sich um eine gleichwertige Einkunftsart innerhalb des Einkommensteuergesetzes und es gibt keinen erkennbaren Grund, für diese als einzige im System des Einkommensteuerrechts die Höhe der abziehbaren Aufwendungen absolut zu begrenzen.

c) Ergebnis

Insgesamt gesehen stellt die Einführung eines Höchstbetrages für Altersvorsorgeaufwendungen einen Verstoß gegen das objektive Nettoprinzip dar, da die Abweichung von diesem Prinzip nicht durch hinreichende sachliche Gründe gerechtfertigt werden kann. Ingesamt gesehen wurde daher insoweit eine verfassungswidrige Regelung getroffen.

3. Doppelte Besteuerung durch Abzugshöchstbetrag

Aus verfassungsrechtlicher Sicht ist außerdem dic Frage zu beleuchten, ob es zulässig ist, Altervorsorgebeiträge lediglich bis zu einem Höchstbetrag als Sonderausgaben anzuerkennen, im Gegenzug aber die daraus resultierenden Altersrenten ohne Rücksicht auf die vorherige steuerliche Behandlung voll zu besteuern. Der Gesetzgeber hat sich im AltEinkG für eine derartige Regelungen hinsichtlich der gesetzlichen und der Rürup-Renten entschieden und ist damit nicht den bei der Riester-Rente eingeschlagenen Weg gegangen, die späteren Rentenleistungen entsprechend der steuerlichen Behandlung der auf sie entfallenden Beiträge zu versteuern. Riester-Renten werden nur insoweit voll (nachgelagert) besteuert, als die auf sie geleisteten Beiträge in der Ansparphase zum Sonderausgabenabzug berechtigt haben oder eine Zulage für sie gewährt wurde, § 22 Nr. 5 Satz 1 EStG. Hinsichtlich des übersteigenden Betrages werden die Renten lediglich mit dem Ertragsanteil der Besteuerung unterworfen, § 22 Nr. 5 Satz 2 EStG.

Soweit für Renten der ersten Schicht Altersvorsorgebeiträge geleistet werden, die den hierfür geschaffenen Höchstbetrag übersteigen, führen die Regelungen des AltEinkG dazu, dass einerseits die Beiträge aus versteuertem Einkommen geleistet und andererseits die hieraus resultierenden Renten voll besteuert werden. Betroffen hiervon sind vor allem Angehörige berufsständischer Versorgungswerke, bei denen Einzahlungen bis zum 2,5-fachen des Höchstbeitrages zur gesetzlichen Rentenversicherung zumindest möglich sind[320]. Die Beitragsleistungen belaufen sich bei der derzeitigen Beitragsbemessungsgrenze (2004) dann auf maximal 29.835,- € und liegen weit oberhalb des Höchstbetrages. Gleiches kann für jeden Steuerpflichtigen gelten, der erhebliche Beiträge für private Rürup-Rentenversicherungen zahlt und dadurch mit seinen Altersvorsorgeaufwendungen insgesamt den Abzugshöchstbetrag überschreitet.Ob hierin eine verfassungswidrige Doppelbesteuerung zu sehen ist, wird nun zu überprüfen sein. Falls dem so sein sollte, stellt sich die zusätzliche Frage, wann ein Betroffener die hierin liegende Grundrechtsverletzung geltend machen kann.

a) Vorliegen einer Doppelbesteuerung

Sofern ein Steuerpflichtiger Altersvorsorgebeiträge leistet, die den hierfür gewährten Höchstbetrag übersteigen, werden diese nach obiger Definition[321] aus versteuertem Einkommen erbracht. Diese sind daher als konsolidiertes Vermögen anzusehen. Für die spätere Besteuerung der hieraus resultierenden Renten wird aber nicht differenziert, ob die in der Ansparphase gezahlten Beiträge steuerfrei gestellt wurden oder nicht. Die zufließenden Erträge werden in jedem Fall voll der Besteuerung unterworfen. Soweit die Renten aus dem konsolidierten Vermögen resultieren, liegt damit eine doppelte Besteuerung vor[322]. Die Doppelbesteuerung wird auch vom Gesetzgeber selbst erkannt und eingeräumt[323]. Zwar wird die in den Gesetzesmaterialien als unzutreffende Besteuerung beschriebene Regelung nicht explizit als Doppelbesteuerung bezeichnet. Die Ausführungen lassen jedoch erkennen, dass hier nur das Problem der Doppelbesteuerung gemeint sein kann.

b) Fehlende Rechtfertigung

Der Gesetzgeber hat versucht, die von ihm erkannte Problematik der Doppelbesteuerung mit Steuervereinfachung und Vermeidung von übermäßigem Verwaltungsaufwand zu rechtfertigen. Die sachgerechte Aufteilung der Renten in einen voll und einen mit dem Ertragsanteil zu besteuernden Anteil sei zu kompliziert. Außerdem würde sie für die Finanzverwaltung und die Versicherungsträger zu-

---

[320] HHR/Kulosa, § 10 Anm. J 04-22 (Jahresband 2005).
[321] vgl.oben VII. A) 3.
[322] ebenso: Risthaus, DB 04, 1329; HHR-Kulosa, § 10, Anm. J 04-22 (Jahresband 2005); Flore, AnwBl. 04, 343 (345); Brall/Bruno-Latocha/Lohmann, DRV 03, 673 (675).
[323] BT-Drucks. 15/2150, 40.

sätzlichen erheblichen Verwaltungsaufwand bedeuten. Daher sei eine pauschalierende Besteuerung, wie auch das BVerfG ausgeführt habe, zulässig, zumal der Steuerpflichtige auch auf andere Altersvorsorgeprodukte ausweichen könnte, für die die Besteuerung mit dem Ertragsanteil erfolgen würde[324].

Diese Argumente rechtfertigen allerdings nicht die vorliegende Doppelbesteuerung. Sie wären ggf. geeignet, eine Ungleichbehandlung entgegen Art. 3 Abs. 1 GG zu rechtfertigen, die aber hier nicht oder zumindest nicht ausschließlich vorliegt. Eine Doppelbesteuerung stellt aber einen Eingriff in den Schutzbereich des Art. 14 GG dar, dessen Rechtfertigung von vorneherein ausgeschlossen ist[325]. Es erübrigen sich daher weitere Ausführungen zu der Frage, ob die vom Gesetzgeber angeführten Argumente ausreichend wären, um die vorliegende Ungleichbehandlung zu rechtfertigen. Dies wird teilweise mit der nicht von der Hand zu weisenden Begründung angezweifelt, dass Typisierungs- und Pauschalierungsgesichtspunkte nicht geeignet sind, eine Besteuerung zu rechtfertigen, von der bereits feststeht, dass sie nicht sachgerecht ist. Im Übrigen stellt sich in der Tat die Frage, warum der Gesetzgeber die Basisversorgung einerseits fördern will, andererseits aber den Steuerpflichtigen auf andere Altersvorsorgeprodukte verweist[326].

c) Zwischenergebnis

Insgesamt gesehen liegt daher durch die volle Besteuerung der Altersrenten der Basisversorgung unabhängig von der steuerlichen Behandlung der auf sie geleisteten Beiträge eine Doppelbesteuerung vor, die als Verstoß gegen die Eigentumsgarantie des Art. 14 GG verfassungsrechtlich nicht gerechtfertigt werden kann. Die gesetzlichen Regelungen sind daher insoweit verfassungswidrig.

d) Zeitpunkt der Geltendmachung

Wie oben bereits dargelegt, kann ein Steuerpflichtiger die Verfassungswidrigkeit der Doppelbesteuerung von Altersvorsorgeaufwendungen und Altersrenten schon in dem Zeitpunkt geltend machen, in dem seine Altersvorsorgeaufwendungen steuerlich nicht berücksichtigt werden.

e) Ergebnis

Durch den Abzugshöchstbetrag für Altersvorsorgeaufwendungen ergibt sich im Zusammenhang mit der vollen nachgelagerten Besteuerung eine verfassungs-

---

[324] BT-Drucks. 15/2150, 40.
[325] vgl. oben VII. A) 3. a) (2) (b).
[326] Risthaus, DB 04, 1383 (1388).

rechtlich nicht zu rechtfertigende Doppelbesteuerung, die der Steuerpflichtige bereits bei der steuerlichen Nichtberücksichtigung von Altersvorsorgeaufwendungen geltend machen kann.

4. Begrenzung sonstiger Vorsorgeaufwendungen

Die Frage der Vereinbarkeit der Neuregelungen des AltEinkG mit dem Grundgesetz stellt sich auch hinsichtlich der Angemessenheit der Höchstbeträge nach § 10 Abs. 4 EStG für sonstige Vorsorgeaufwendungen i.S.d. § 10 Abs. 1 Nr. 3 lit. a) EStG. Problematisch ist hier, ob existenznotwendige Beträge in realitätsgerechter Höhe berücksichtigt werden und damit dem subjektiven Nettoprinzip genüge getan wird. Dieses Problem ist bereits im Gesetzgebungsverfahren angesprochen worden[327], der Gesetzgeber hat sich jedoch nicht näher damit befasst. Das ist umso überraschender, als sich die Problematik in gleicher Weise bereits nach der alten Rechtslage stellte und dort schon heftig diskutiert wurde[328]. Folgerichtig war die Frage auch mehrfach Gegenstand gerichtlicher Entscheidungen[329], wobei der BFH jeweils die Verfassungswidrigkeit des § 10 Abs. 3 EStG a.F. verneinte. Das BVerfG hat diese Frage noch nicht entschieden, die beiden gegen die Urteile des BFH eingelegten Verfassungsbeschwerden sind noch anhängig[330].

Die in den anhängigen Verfahren gegebene Problematik stellt sich nach der Neuregelung teilweise etwas anders dar, da durch die Gewährung unterschiedlicher Höchstbeträge für Altersvorsorge und sonstige Vorsorgeaufwendungen vorher verknüpfte Probleme entkoppelt wurden. Das im Folgenden zu diskutierende Kernproblem zur Berücksichtigung der sonstigen Vorsorgeaufwendungen ist jedoch identisch. Fraglich ist, in welcher Höhe diese Aufwendungen steuerlich abzugsfähig sein müssen, um dem subjektiven Nettoprinzip zu genügen. Dazu ist zunächst darzustellen, ob sonstige Vorsorgeaufwendungen unvermeidbare Aufwendungen für die eigene Existenzsicherung und den Unterhalt der Familienangehörigen darstellen und damit unter den Schutz des subjektiven Nettoprinzips fallen. Sollte dem so sein, wäre danach zu prüfen, ob diese Aufwendungen auch in realitätsgerechter Höhe von der Besteuerung freigestellt werden.

---

[327] Hey, Prot. FinA 15/47, 422 .

[328] vgl. nur von Eichhorn, DB 00, 944; ders. DStR 03, 1515; Weber-Grellet, DStR 03, 454; Fischer, FR 03, 770; Söhn, StuW 90, 356.

[329] BFH – Urteil v. 11.12.02, DStRE 03, 800 und vom 16.10.02, DStR 03, 279.

[330] AZ: 2 BvR 274/03 (zu XI R 41/99) und 2 BvR 912/03 (zu XI R 17/00).

a) Existenzsichernde Aufwendungen

Zu den sonstigen Vorsorgeaufwendungen gehören die Beiträge zu Versicherungen gegen Arbeitslosigkeit, Erwerbs- und Berufsunfähigkeit, zu Kranken-, Pflege-, Unfall-, Haftpflicht- und reinen Risikolebensversicherungen, § 10 Abs. 1 Nr. 3 lit. a) EStG. Zu prüfen ist daher, ob diese Aufwendungen unvermeidbar für die eigene Existenzsicherung und den Unterhalt der Familienangehörigen sind und zur Schaffung der Mindestvoraussetzungen für ein menschenwürdiges Dasein benötigt werden.

Der BFH hat dies in seinen Entscheidungen zur bisherigen Rechtslage[331] im Wesentlichen mit zwei Argumenten verneint, die unabhängig von den Umständen der konkret zu entscheidenden Einzelfälle herangezogen werden können. Zum einen verlange das subjektive Nettoprinzip lediglich, dass der gegenwärtige Grundbedarf des Steuerpflichtigen von der Besteuerung abgeschirmt werde. Davon zu unterscheiden seien allerdings Aufwendungen wie Versicherungsbeiträge, die lediglich dazu dienten, das zukünftige Existenzminimum im Falle bestimmter Ereignisse wie beispielsweise Krankheit oder Arbeitslosigkeit zu sichern. Eine Abzugsfähigkeit dieser Beiträge sei daher verfassungsrechtlich nicht geboten. Zum anderen stellten die Vorsorgeaufwendungen gesondert geartete Sparleistungen dar, die nach dem geltenden Einkommensteuerrecht nicht abziehbar seien[332]. Diese Argumente können jedoch im Ergebnis – vor allem für die neue Rechtslage – nicht überzeugen.

(1) Keine Sparleistungen

Nach der Entkopplung der Altersvorsorgeaufwendungen von den sonstigen Vorsorgeaufwendungen haben die letztgenannten keinerlei Sparcharakter mehr. Es wird kein Vermögen angespart, das bei Nichteintritt des Versicherungsfalls später (verzinst) ausgezahlt wird. Sofern der Versicherungsfall nicht eintritt, sind die gezahlten Beiträge endgültig verloren[333]. Folglich kann von einem Sparcharakter nicht mehr die Rede sein und dieses Argument des BFH auch nicht (mehr) herangezogen werden.

(2) Gegenwärtiges Existenzminimum

Auch das Argument, dass Versicherungen dieser Art lediglich der Sicherung des zukünftigen Existenzminimums dienen, überzeugt nicht. Entscheidend ist viel-

---

[331] BFH – Urteil v. 11.12.02, DStRE 03, 800 und vom 16.10.02, DStR 03, 279.
[332] ebenso: Weber-Grellet, DStR 03, 454 (455).
[333] Fischer, BB 03, 873 (878); ders. FR 03, 770 (772).

mehr, dass dem Versicherungsnehmer unabdingbarer und vor allem gegenwärtiger Schutz gegen die existenziellen Risiken des Lebens gewährt wird. Diese soziale Sicherheit ist ein zentraler Bestandteil der Sozialstaatlichkeit. Aktuelle Mindestvorsorge für Lebensrisiken wie Krankheit, Arbeitslosigkeit oder Berufsunfähigkeit sind für den Menschen ebenso unentbehrlich wie Aufwendungen für Grundbedürfnisse wie Essen, Trinken, Kleidung und Wohnung[334]. Der Schutz vor privaten existentiellen Lebensrisiken zwingt zur Vorsorge, eine sozialgerechte Existenz setzt Vorsorge voraus. Vorsorgeaufwendungen sind deshalb für jedermann unvermeidbare Ausgaben (geworden)[335]. Auch kann der Sozialstaat Bundesrepublik jedenfalls nicht ohne eine angemessene Eigenvorsorge der Bürger funktionieren[336].

Der existenzielle Charakter dieser Aufwendungen wurde auch vom BVerfG in seinen Urteilen zur Pflegeversicherung wiederholt[337]. Darin hat das Gericht zum einen entschieden, dass die Einführung einer privaten Pflichtpflegeversicherung durch den Bund von der Kompetenznorm „privatrechtliches Versicherungswesen“ nach Art. 74 Abs. 1 Nr. 11 GG gedeckt sei. Dem stehe die Art des versicherten Risikos Pflegebedürftigkeit nicht entgegen, denn „*die Absicherung existentieller Risiken ist keineswegs der Sozialversicherung vorbehalten*“[338]. Zum anderen entschied das Gericht, dass der Gesetzgeber privat Krankenversicherte als gleichermaßen schutzbedürftige Personen zwar von der Versicherungspflicht, nicht aber vom Zugang zur gesetzlichen Pflegeversicherung an sich ausschließen dürfe, denn es gehe „*um den Ausschluss von einer Pflichtversicherung, die ein existenzielles Risiko absichern soll*“[339]. Zusammenfassend ergibt sich daher, dass Vorsorgeaufwendungen zur Absicherung des aktuellen Existenzminimums geleistet werden.

(3) Maßstab der Sozialhilfe

Hinzu kommt, dass der Maßstab der Sozialhilfe für die Bemessung dessen, was als existenzieller Mindestbedarf anzusehen ist, herangezogen werden muss[340]. Im Sozialhilferecht finden die Aufwendungen für Kranken- und Pflegeversiche-

---

[334] Fischer, FR 2003, 770 (773); Eichhorn, HFR 2003, 345 (346); Hohaus/Mittelsten-Scheid, DStZ 04, 591 (592).
[335] Söhn, StuW 90, 356 (359).
[336] Eichhorn, HFR 03, 345 (346).
[337] BVerfGE 103, 225; 103, 197.
[338] BVerfGE 103, 197 (217).
[339] BVerfGE 103, 225 (236).
[340] vgl. oben VII. 1. a) (2).

rung aber an mehreren Stellen Berücksichtigung. Unter den Voraussetzungen des § 13 SGB XII werden die angemessenen Beiträge zur Kranken- und Pflegeversicherung als Hilfe zum Lebensunterhalt von der Sozialhilfe übernommen. Nach den §§ 36 – 38 SGB XII (Abschnitt 3, 4 Unterabschnitt „Hilfe bei Krankheit, vorbeugende und sonstige Hilfe") benötigt der Sozialhilfeempfänger auch Absicherung gegen Krankheitsrisiken.

(4) Zwischenergebnis

Insgesamt gesehen ergibt sich daher, dass sonstige Vorsorgeaufwendungen Ausgaben für die Sicherung des gegenwärtigen Existenzminimums darstellen, die aufgrund des subjektiven Nettoprinzips bei der Ermittlung des zu versteuernden Einkommens in realitätsgerechter Höhe berücksichtigt werden müssen.

b) Realitätsgerechte Berücksichtigung

Da die sonstigen Vorsorgeaufwendungen existenzsichernd sind, müssen sie aufgrund des subjektiven Nettoprinzips auch in realitätsgerechter Höhe steuerlich Berücksichtigung finden. Höchstbeträge von 1.500,- € bzw. 2.400,- € (bei ausschließlich privater Versicherung) sind aber alles andere als realitätsgerecht. Dies gilt unabhängig davon, ob man das Fehlen einer Kinderkomponente als wesentlich ansieht[341].

Der Höchstbetrag kann in jedem Fall nicht als zulässige Typisierung eingeordnet werden. Bereits ein Durchschnittsverdiener mit einem Jahreseinkommen von rund 29.000,- € hat deutlich höhere Aufwendungen. Alleine die Beiträge zur Kranken-, Pflege- und Arbeitslosenversicherung belaufen sich auf etwa 22% des Bruttoeinkommens, mithin rund 6.440,- € und übersteigen die Höchstbeträge damit bei weitem[342]. Weitaus eklatanter wird die Diskrepanz zwischen tatsächlichen Aufwendungen und Höchstbeträgen, wenn ein Steuerpflichtiger Einkünfte in Höhe der Beitragsbemessungsgrenze von 41.850,- € erzielt. Hier belaufen sich die Beiträge auf etwa 9.290,- €. Dies ist bedeutsam, da die verfassungsrechtliche Garantie der Steuerfreiheit des existenznotwendigen Lebensbedarfs nicht einkommensabhängig ist[343].

---

341 dafür: Fischer, BB 03, 873 (878); dagegen: HHR/Kulosa, vor § 22 RN J 04-2 (Jahresband 2005).

342 Hey, Prot. FinA 15/47, 422 (432).

343 Fischer, BB 03, 873 (878); Hey, Prot. FinA 15/47, 422 (432).

c) Ergebnis

Zusammenfassend ist daher festzustellen, dass die sonstigen Vorsorgeaufwendungen für den existenznotwendigen Lebensbedarf des Steuerpflichtigen notwendig sind und daher in angemessener Höhe steuerlich abzugsfähig sein müssen. Die Höchstbeträge nach dem AltEinkG genügen diesen Anforderungen nicht, da sie deutlich zu niedrig und damit nicht realitätsgerecht angesetzt sind[344]. Die entsprechende Regelung ist daher mit dem Grundgesetz nicht vereinbar.

5. Ungleichbehandlung von Lebensversicherungen

Schließlich ist noch zu überprüfen, ob die unterschiedliche steuerliche Behandlung von Sozialversicherungs- bzw. Rürup-Renten einerseits und privaten Altersrenten aus Versicherungen der 3. Schicht (Kapitalanlageprodukte) andererseits mit dem Grundgesetz vereinbar ist. *Risthaus*[345] und *Kratzsch*[346] bezweifeln dies, da erstgenannte in voller Höhe (nachgelagert) besteuert werden, während letztere lediglich mit dem Ertragsanteil der Besteuerung unterworfen sind. Damit würden Kapitalanlageprodukte im Ergebnis steuerlich besser gestellt, da mit dem Ertragsanteil lediglich die Zinsen aus der Auszahlungsphase, nicht allerdings diejenigen aus der Ansparphase erfasst werden. Letztere werden somit im Ergebnis nicht versteuert.

Diese Auffassung lässt allerdings außer Betracht, dass der Gesetzgeber den beiden unterschiedlichen „Schichten“ verschiedene Modelle typisierend zugrunde gelegt hat, was auch von seinem Gestaltungsraum gedeckt ist. Bei den Renten der dritten Schicht gilt das Leitbild, dass in der Einzahlungsphase ein Kapitalstock angespart und später unter einer weiteren Verzinsung ausgezahlt wird. Dies rechtfertigt im Grundsatz die Ertragsanteilsbesteuerung. Demgegenüber werden in der ersten Schicht lediglich Zahlungen geleistet, um später Rentenzahlungen zu erhalten, die aber nicht in der Rückzahlung eines Kapitalstocks bestehen. Dies rechtfertigt die nachgelagerte Besteuerung, bei der es nach dem Grundgedanken keine Verzinsung in der Ansparphase und keine Verzinsung in der Auszahlungsphase gibt. Somit können auch nicht Teile der Zahlungen von der Besteuerung ausgenommen werden.

Eine verfassungswidrige Regelung kann daher nicht in der vollen nachgelagerten Besteuerung der Renten der ersten Schicht gesehen werden, da diese die

---

344 a.A. HHR/Kulosa, §10 Anm. J 04-23 (Jahresband 2005).

345 Risthaus, DB 04, 1329 (1339).

346 Kratzsch, StB 04, 406 (411).

grundsätzliche und zulässige Belastungsentscheidung zutreffend umsetzt. In Betracht kommt – wenn überhaupt – nur eine Verfassungswidrigkeit der Ausnahmeregelung, nach der die Zinsen in der Ansparphase des Kapitalstocks anders als andere Zinsen nicht der Besteuerung unterworfen werden[347]. Diese könnte jedoch nur in den Zeiträumen des Zinszuflusses, also in der Ansparphase, erfolgen. Dies zu erfassen, wäre verwaltungstechnisch mit einem immensen Aufwand verbunden, so dass die in der Vergünstigung liegende Ungleichbehandlung gerechtfertigt ist.

C. Verfassungsmäßigkeit der Übergangsregelungen

Unabhängig von der Frage der Verfassungsmäßigkeit der Regelungen des AltEinkG im Zielstatus ist nunmehr zu beleuchten, ob die geschaffene Übergangsregelung den verfassungsrechtlichen Anforderungen genügt. Dies ist hinsichtlich der Vermeidung einer unzulässigen Doppelbesteuerung äußerst fraglich und wurde bereits im Gesetzgebungsverfahren streitig diskutiert[348]. Im Zentrum der Auseinandersetzungen stand dabei die Frage, wann von einer Doppelbesteuerung auszugehen ist. Diese ist auch der Schwerpunkt der nun folgenden Betrachtungen.

1. Vorliegen einer Doppelbesteuerung

Ausgangspunkt für die Berechnungen, wann eine Zweifachbesteuerung im Zusammenhang mit Renteneinkünften vorliegt, ist übereinstimmend die Überlegung, dass eine Doppelbesteuerung dann nicht vorliegt, wenn der steuerfreie Rentenzufluss mindestens so hoch ist wie die aus versteuertem Einkommen geleisteten Rentenbeiträge[349].

Beispiel 1:

> *Der ledige, angestellte Handwerker H hat in seinem Leben 45 Jahre Beiträge zur Gesamtsozialversicherung gezahlt. Sein Einkommen belief sich in allen Jahren auf 20.000,- € p.a., die Beitragssätze lagen immer bei 20% Rentenversicherung, 14% Krankenversicherung und 6% Arbeitslosenversicherung[350]. Seine Arbeitnehmeranteile zu den Versicherungen konnte er*

---

[347] HHR-Kulosa, Vor § 22, RN J 04-8 (Jahresband 2005).

[348] Rürup-Kommission, 50 ff.; VDR, Prot. FinA 15/47, 441 ; Hey, DRV 04, 1; dies.: Prot. FinA 15/47, 422.

[349] BT-Drucks. 15/2150, 23; Rürup-Kommission, S. 51; VDR, Prot. FinA 15/47, 441 (454); Brall/Bruno-Latocha/Lohmann, DRV 04, 409 (430); HHR-Kulosa, Vor § 22 RN J 04-6 (Jahresband 2005).

[350] Die Grundannahmen dieses Beispiels sind stark vereinfacht, um den Kern der sich stellenden Problematik besser verdeutlichen zu können.

nicht als Sonderausgaben steuerlich geltend machen[351]*. H ging mit 65 Jahren in Rente und bezog 10 Jahre lang eine Rente von 18.000,- € p.a. Die Besteuerung erfolgte mit einem Ertragsanteil von 30%.*

In diesem Beispiel hat H pro Jahr 20.000,- x 40% (Gesamtsozialversicherung) x 50% (Arbeitnehmeranteil) = 4.000,- € Arbeitnehmerbeiträge zur Gesamtsozialversicherung gezahlt. Diese wurden insgesamt aus versteuertem Einkommen gezahlt, da eine steuerliche Berücksichtigung nicht erfolgte. Der aus versteuertem Einkommen gezahlte Rentenbeitrag des H betrug daher 2.000,- € p.a. In 45 Beitragsjahren wurden insgesamt 90.000,- € Rentenbeiträge aus versteuertem Einkommen erbracht. Außerdem hat H insgesamt 180.000,- € an Rentenzahlungen erhalten. Diese erfolgten zu 70% steuerfrei, so dass H 126.000,- € Rente steuerfrei erhalten hat. Dieser Betrag ist höher als die aus versteuertem Einkommen geleisteten Beiträge von 90.000,-€, so dass eine Doppelbesteuerung vermieden wurde. Hätte H allerdings nur 5 Jahre Rente bezogen, wären ihm nur 63.000,- € steuerfrei zugeflossen. Da dann die Grenze der aus versteuertem Einkommen geleisteten Beiträge nicht erreicht oder überschritten wäre, läge eine Doppelbesteuerung vor.

Insoweit besteht zwischen den unterschiedlichen Auffassungen kein Streit. Umstritten war und ist jedoch, was als „Beiträge aus versteuertem Einkommen" und was unter „steuerfreiem Rentenzufluss" zu verstehen ist. Hier wurde bei den verschiedenen Berechnungen von unterschiedlichen Ausgangsparametern ausgegangen, was auch zu unterschiedlichen Beurteilungen führt. Bei jeder Berechnung sind die Annahmen zur Ansparphase, aus der sich die Größe „Beiträge aus versteuertem Einkommen" errechnet, und zur Auszahlungsphase, aus der sich der „steuerfreie Rentenzufluss" ergibt, getrennt zu betrachten. Die Verdeutlichung der unterschiedlichen Berechnungsmethoden und deren Auswirkungen wird in jedem der nun folgenden Abschnitte anhand dieses (stark vereinfachten) Beispiels erfolgen[352]:

---

[351] Diese nicht realitätsgerechte Unterstellung erfolgt nur im Eingangsbeispiel zur Verdeutlichung des dort darzustellenden Teilproblems und wird im weiterführenden Fall modifiziert.

[352] Die Grundannahmen dieses Beispiels sind stark vereinfacht, um den Kern der sich stellenden Problematik systematisch an einem einheitlichen Zahlenbeispiel verdeutlichen zu können. So werden die Beitragssätze zur Sozialversicherung, der abziehbare Sonderausgabenanteil, der Besteuerungsanteil der Rente und der Grundfreibetrag als für alle Jahre konstant unterstellt, die Rentenbezugsdauer ist sehr gering. Dies vereinfacht die Berechnung und Darstellung ganz erheblich, die auftretenden Probleme ergeben sich aber in gleicher Weise und werden nicht verfälscht.

Beispiel 2:

Der ledige, angestellte Handwerker H hat in seinem Leben 45 Jahre Beiträge zur Gesamtsozialversicherung gezahlt. Sein Einkommen belief sich in allen Jahren auf 20.000,- € p.a., die Beitragssätze lagen immer bei 20% Rentenversicherung, 14% Krankenversicherung und 6% Arbeitslosenversicherung. Seine Arbeitnehmeranteile zu den Versicherungen konnte er zu 20% als Sonderausgaben steuerlich geltend machen.

Nach Vollendung des 65.Lebensjahres erhält H fünf Jahre lang eine Rente von 18.000,- € p.a., die zu 50% versteuert wird. H muss jährlich 500,- € für Kranken- und Pflegeversicherung der Rentner aufbringen und verfügt über keine weiteren Einkünfte. Der steuerliche Grundfreibetrag liegt bei 5.000,- €.

a) Ansatz der Rürup-Kommission

Die Rürup-Kommission[353] betrachtet in ihren Modellberechnungen den Fall eines allein stehenden Arbeitnehmers, der während seines gesamten Erwerbslebens Einkommen in Höhe der Beitragsbemessungsgrenze erzielt und damit immer die Höchstbeträge zur gesetzlichen Rentenversicherung geleistet hat. Die Dauer des Rentenbezuges wird auf Grundlage der gültigen Sterbetafeln mit 17 Jahren angenommen. Ferner ging die Kommission bei den Berechnungen davon aus, dass in 44 Jahren Beiträge entrichtet wurden und ein beitragsfreies Jahr anzurechnen war.

(1) Beiträge aus versteuertem Einkommen

Für die Berechnung der Beiträge aus versteuertem Einkommen hat die Kommission zunächst die jährlich entrichteten Sozialversicherungsbeiträge einschließlich des Rentenbeitrages anhand der einschlägigen sozialrechtlichen Vorschriften ermittelt. Hieraus wurde aufgrund der geltenden bzw. geplanten steuerrechtlichen Vorschriften zunächst der steuerlich abziehbare Anteil der Gesamtsozialversicherungsbeiträge errechnet. Im nächsten Schritt wurde dann der abziehbare Anteil der Rentenversicherungsbeiträge entsprechend dessen Anteil am Gesamtsozialversicherungsbeitrag hergeleitet. Die Kommission geht also davon aus, dass im Bereich des Sonderausgabenabzugs alle Vorsorgeaufwendungen gleichrangig zu berücksichtigen seien. Der so errechnete Anteil und der steuerfreie Arbeitgeberanteil zusammen ergaben den jährlichen Rentenbeitrag, der aus nicht

---

[353] Rürup – Kommission, 52.

versteuertem Einkommen geleistet wurde. Im Übrigen waren die Rentenbeiträge aus zu versteuerndem Einkommen entrichtet.

Berechnung für Beispiel 2:

H hat pro Jahr 20.000,- x 40% (Gesamtsozialversicherung) x 50% (Arbeitnehmeranteil) = 4.000,- € Arbeitnehmerbeiträge zur Gesamtsozialversicherung gezahlt. Diese waren zu 20%, also 800,- € als Sonderausgaben steuerlich absetzbar. Bezogen auf den Anteil der Rentenversicherung (Beitragssatz 20%) an der Gesamtsozialversicherung (insgesamt 40%) wurden daher pro Jahr 400,- € Rentenbeiträge aus dem Arbeitnehmeranteil steuerfrei gezahlt. Da der Rentenbeitrag des H (Arbeitnehmeranteil) 2.000,- € p.a. betrug, wurden 2.000,- € ./. 400,- € = 1.600,- € p.a. aus versteuertem Einkommen geleistet. Dies bedeutet, dass H in 45 Beitragsjahren insgesamt 45 x 1.600,- € = 72.000,- € Rentenbeiträge aus versteuertem Einkommen erbracht hat.

(2) Steuerfreier Rentenzufluss

Zur Ermittlung des steuerfreien Rentenzuflusses hat die Kommission dann die in der Rentenbezugsphase erhaltene Bruttorente in einen steuerfreien und einen zu versteuernden Anteil aufgeteilt. Bei der Berechnung ist sie von dem von ihr vorgeschlagenen Kohortenmodell ausgegangen, das nunmehr auch im AltEinkG festgeschrieben ist. Auf Grundlage dessen wurde dann der gesamte Rentenbeitrag aus versteuertem Einkommen in den benannten 44 Beitragsjahren mit der steuerfreien Rentensumme aus den 17 Bezugsjahren verglichen. Der Vergleich erfolgte für jeden Rentnerjahrgang ab 2005. Die Kommission hat also bei ihren Berechnungen folgerichtig die von ihr vertretene steuersystematische Berechnung angewendet, bei der der Grundfreibetrag oder weitere Abzüge nicht berücksichtigt wird. Steuerpflichtiger Rentenzufluss und Rentenbeiträge aus versteuertem Einkommen liegen nach Ansicht der Kommission dann vor, wenn eine Einbeziehung in das zu versteuernde Einkommen erfolgte.

Berechnung für Beispiel 2:

H hat pro Jahr eine Rente von 18.000,- €, die zu 50% versteuert wird. Folglich liegt jährlich ein steuerpflichtiger Rentenzufluss von 9.000,- € vor, die anderen 9.000,- € fließen steuerfrei zu. In seinen fünf Rentnerjahren hat H folglich insgesamt 45.000,- € Rente steuerfrei erhalten. Der steuerfreie Rentenbezug ist damit geringer als die Summe der Rentenbei-

*träge aus versteuertem Einkommen, so dass eine **Doppelbesteuerung in der Größenordnung von 27.000,- €** vorliegen würde.*

Diese Ausgangsgrößen führen dazu, dass nach den Berechnungen der Rürup-Kommission für Arbeitnehmer der Rentenjahrgänge 2039 bis 2043 eine Zweifachbesteuerung eintritt, da die Gesamtsumme der steuerfreien Rentenbezüge über den korrespondierenden Rentengesamtbeiträgen aus versteuertem Einkommen lag[354]. Gleiches gilt für Selbständige der Rentenjahrgänge 2018 bis 2026[355], wobei hier ein Beitragszeitraum von 35 Jahren unterstellt wurde. Der wesentliche Unterschied zu Arbeitnehmern besteht dabei darin, dass kein steuerfreier Arbeitgeberanteil zur Rentenversicherung geleistet wurde, die Betroffenen ihre Beiträge vielmehr vollständig selbst aufbringen mussten.

Die Kommission hielt die nach ihren Berechnungen auftretende Doppelbesteuerung durch die Typisierungskompetenz des Gesetzgebers für gerechtfertigt, da von dem für den Steuerpflichtigen ungünstigsten Fall ausgegangen worden war und es selbst dort nur in seltenen Ausnahmefällen zu einer zudem nur geringen Zweifachbelastung käme[356]. Insbesondere sei es auch zulässig, dass sich der Besteuerungsanteil von 50% für das Jahr 2005 ausschließlich an dem typischen Fall des rentenversicherungspflichtigen Arbeitnehmers orientiere, bei dem mindestens die Hälfte der Altersvorsorgeaufwendungen steuerfrei war (Arbeitgeber-Antcil). Dies gelte auch für Selbstständige, da bei diesen typischerweise gemischte Erwerbsbiographien vorlägen. Die exakte Ermittlung der steuerlichen Behandlung sei nicht zu leisten, auf die Angaben des Steuerpflichtigen alleine dürfe sich nicht verlassen werden. Der von ihr gewählte Ansatz sei daher insgesamt verfassungsrechtlich zulässig.

b) Ansatz des Gesetzgebers

Der Gesetzgeber geht im Ansatz von den Berechungen der Rürup-Kommission aus, nimmt jedoch weitere Modifikationen vor, die dazu führen, dass eine Doppelbesteuerung insgesamt vermieden wird[357]. Veränderte Ansätze erfolgen nicht in der Anspar-, aber in der Leistungsphase.

Die Unterschiede bestehen darin, dass der Gesetzgeber für die Frage der Besteuerung von der effektiven Besteuerung ausgeht. Das Renteneinkommen wird zu-

[354] Rürup – Kommission, 53.
[355] Rürup – Kommission, 55.
[356] Rürup – Kommission, 58.
[357] BT-Drucks. 15/2150, Seite 25; HHR-Kulosa, Vor § 22 Anm. J 04-4 (Jahresband 2005).

nächst um die Beiträge des Rentners zur Kranken- und Pflegeversicherung gemindert. Versteuertes Einkommen liegt nach Ansicht des Gesetzgebers nur dann vor, wenn danach noch der – zumindest anteilig auf die Renteneinkünfte entfallende – Grundfreibetrag überschritten wird. Zu diesem Zweck wird der Grundfreibetrag pauschalierend auf die Renten- und sonstigen Einkünfte aufgeteilt. Darüber hinaus wird den Berechungen eine Rentenbezugsdauer von 20 Jahren zugrunde gelegt[358].

Berechnung für Beispiel 2:

> *H hat pro Jahr eine Rente von 18.000,- €, die zu 50%, mithin 9.000,- € in die Bemessungsgrundlage eingerechnet wird. Hiervon sind zunächst die Beiträge zur Kranken- und Pflegeversicherung für Rentner abzuziehen, so dass 8.500,- € verbleiben. Dies übersteigt den Grundfreibetrag um 3.500,- €, so dass in dieser Höhe ein jährlicher steuerpflichtiger Rentenzufluss vorliegt. Die übrigen 14.500,- € fließen steuerfrei zu. In seinen fünf Rentnerjahren hat H folglich insgesamt 72.500,- € Rente steuerfrei erhalten. Der steuerfreie Rentenbezug ist damit höher als die Summe der Rentenbeiträge aus versteuertem Einkommen von 72.000,- €, so dass **keine Doppelbesteuerung** vorliegen würde.*

c) Ansatz des Verbands deutscher Rentenversicherungsträger (VDR)

Auch der VDR geht bei seinen Berechungen von den Betrachtungen der Rürup-Kommission aus[359], nimmt allerdings hinsichtlich der Annahmen für die Ansparphase in einem entscheidenden Punkt eine Modifikation vor[360].

Nach seiner Ansicht ist bei der Ermittlung der Beiträge aus versteuertem Einkommen der Sonderausgabenabzug für Vorsorgeaufwendungen nicht zu berücksichtigen. Die Möglichkeit des Sonderausgabenabzugs von Vorsorgeaufwendungen stehe allen Steuerpflichtigen gleichermaßen zu und sei keine spezielle Vergünstigung für Rentenbezieher, so dass diese nach der Rechtsprechung des BVerfG als allgemeine Vergünstigung bei der Ermittlung der Beiträge aus versteuertem Einkommen nicht zu berücksichtigen sei.

---

358 Kratzsch, StB 04, 406 (410 f.).
359 VDR, Prot. FinA 15/47, 441 (454).
360 Brall/Bruno-Latocha/Lohmann, DRV 03, 673 (679).

Selbst wenn man dies anders sähe, seien die Arbeitnehmerbeiträge in aller Regel vollständig aus versteuertem Einkommen erbracht. Die Rentenversicherungsbeiträge seien bei der Ausschöpfung der Höchstbeträge für den Sonderausgabenabzug nachrangig zu berücksichtigen. Die Höchstbeträge seien aber in aller Regel bereits durch die vorrangig abziehbaren übrigen Vorsorgeaufwendungen ausgeschöpft, so dass eigene Rentenbeiträge vollständig aus versteuertem Einkommen stammen würden[361].

Berechnung für Beispiel 2:

> *H hat pro Jahr 20.000,- € x 40% (Gesamtsozialversicherung) x 50% (Arbeitnehmeranteil) = 4.000,- € Arbeitnehmerbeiträge zur Gesamtsozialversicherung gezahlt. Diese waren zu 20%, also 800,- € als Sonderausgaben steuerlich absetzbar. Bei der Ausschöpfung des Höchstbetrags sind die Beiträge zur Arbeitslosen- und Krankenversicherung in Höhe von 2.000,- € p.a. vorrangig zu berücksichtigen. Da der Höchstbetrag damit schon aufgebraucht ist, wurden die Rentenbeiträge von 2.000,- € p.a. vollständig aus versteuertem Einkommen geleistet. Dies bedeutet, dass H in 45 Beitragsjahren insgesamt 45 x 2.000,- € = 90.000,- € Rentenbeiträge aus versteuertem Einkommen erbracht hat.*
>
> *Außerdem hat H pro Jahr eine Rente von 18.000,- €, die zu 50% versteuert wird. Folglich liegt jährlich ein steuerpflichtiger Rentenzufluss von 9.000,- € vor, die anderen 9.000,- € fließen steuerfrei zu. In seinen fünf Rentnerjahren hat H folglich insgesamt 45.000,- € Rente steuerfrei erhalten. Der steuerfreie Rentenbezug ist damit geringer als die Summe der Rentenbeiträge aus versteuertem Einkommen, so dass eine* ***Doppelbesteuerung in der Größenordnung von 45.000,- €*** *vorliegen würde.*

Auf dieser Grundlage ergeben die Berechungen des VDR, dass der überwiegende Teil der Steuerpflichtigen in mehr oder weniger großem Umfang von einer Zweifachbesteuerung betroffen ist[362]. Die nachfolgende Tabelle gibt eine Übersicht über unterschiedliche (typisierte) Fälle, wobei jeweils der erste, der am stärksten und der letzte von Zweifachbesteuerung betroffene Rentenzugangsjahrgang aufgeführt sind[363]:

---

361 VDR, Prot. FinA 15/47, 441 (459 f).

362 vgl. zu den Auswirkungen im einzelnen VDR, Prot. FinA 15/47, 441 (475 ff.).

363 Quelle: Brall/Bruno-Latocha/Lohmann, DRV 04, 409 (432).

Fall	Erster betroffner Rentenjahrgang	Am stärksten betroffener Rentenjahrgang	Letzter betroffener Rentenjahrgang
Selbstständiger mit 30 Jahren Durchschnittsverdienst	2005	2020	2051
Selbstständiger mit 30 Jahren Verdienst in Höhe der Beitragsbemessungsgrenze	2005	2020	2052
Arbeitnehmer mit 45 Jahren Durchschnittsentgelt	2016	2040	2066
Arbeitnehmer mit 45 Jahren Entgelt in Höhe der Beitragsbemessungsgrenze	2015	2040	2067

d) Vorzugswürdigkeit des Ansatzes des VDR

Nach der Darstellung der verschiedenen Berechnungsansätze stellt sich nun natürlich die Frage, welcher der zutreffende ist. Im Folgenden wird daher dargelegt, dass der Ansatz des VDR vorzugswürdig ist.

(1) Ablehnung des Ansatzes des Gesetzgebers

Wie oben[364] ausgeführt, darf nach der zutreffenden steuersystematischen Methode der Grundfreibetrag bei der Ermittlung des steuerfreien Rentenzuflusses nicht abgezogen werden. Gleiches gilt für sonstige allgemeine Sonderausgaben wie Beiträge zur Kranken- und Pflegeversicherung des Rentners in der Auszahlungsphase[365]. Der von der Bundesregierung gewählte Ansatz ist daher insoweit unzutreffend. Gleiches gilt für den Ansatz eines 20-jährigen Rentenbezugszeitraums, da dieser von den gültigen Sterbetafeln nicht gedeckt ist[366]. Der Ansatz der Bundesregierung führt daher zu falschen Ergebnissen und ist abzulehnen.

(2) Begründung des Ansatzes des VDR

Die Berechnungsmethoden der Rürup-Kommission und des VDR unterscheiden sich durch die unterschiedliche Berücksichtigung der Rentenbeiträge in der An-

---

364 vgl. VII. A. 3. b).
365 Hey, DRV 04, 1 (9); a.A. HHR-Kulosa, Vor § 22 RN J 04-6 (Jahresband 2005).
366 HHR-Kulosa, Vor § 22 RN J 04-6 (Jahresband 2005).

sparphase. Die Rürup-Kommission behandelt diese als teilweise steuerfrei geleistet, während der VDR sie als komplett aus versteuertem Einkommen bezahlt ansieht. Im Ergebnis zutreffend ist die Auffassung des VDR, denn der Sonderausgabenabzug für Rentenbeiträge kann zwar nicht als „allgemeine Vergünstigung" angesehen und damit nicht berücksichtigt werden. Richtig ist aber, dass diese Ausgaben bei der Ermittlung der abziehbaren Vorsorgeaufwendungen (Höchstbetragsberechnung) nachrangig angesetzt werden müssen.

Der Sonderausgabenabzug für Rentenbeiträge kann nicht als allgemeine Vergünstigung gänzlich außer Acht gelassen werden, denn dieser steht ausschließlich den Rentenversicherten zu. Er wurde nach den bisherigen Regelungen zum Sonderausgabenabzug für Altersvorsorgeaufwendungen lediglich gesetzessystematisch zur Ermittlung des abziehbaren Höchstbetrags mit anderen Altersvorsorgeaufwendungen zusammengefasst. Dies ändert aber nichts daran, dass der Abzug dem Grunde nach nur Rentenversicherten zusteht.

Zutreffend ist hingegen, dass Rentenbeiträge bei der Ermittlung der abziehbaren Altersvorsorgeaufwendungen nachrangig zu berücksichtigen sind. Dies ergibt sich zwar nicht unmittelbar aus dem EStG, lässt sich aber aus der Teleologie der Vorsorgeaufwendungen[367], sowie aus dem allgemeinen Gleichheitssatz und der Steuersystematik herleiten[368].

Entscheidendes Kriterium für die Neuregelung der Besteuerung von Rentnern und Pensionären ist deren steuerliche Gleichbehandlung. Dabei ist aber zu beachten, dass späteren Rentnern und späteren Pensionären in ihrer aktiven Zeit die gleichen steuerlichen Höchstbeträge für Vorsorgeaufwendungen zustehen, obwohl Beamte keine Beiträge zur Renten- und Arbeitslosenversicherung zu leisten haben. Ihnen verbleibt daher ein wesentlich höheres Abzugsvolumen für ihre übrigen Vorsorgeaufwendungen. Um hier eine Ungleichbehandlung zu vermeiden, ist es daher erforderlich, die übrigen Vorsorgeaufwendungen vorrangig bei der Ermittlung des Abzugshöchstbetrags zu berücksichtigen.

Würde der Höchstbetrag (wie bei Rürup) gleichrangig, wenn auch nur anteilig auf die Rentenversicherungsbeiträge entfallen, wären sozialversicherungspflichtige Steuerpflichtige weiterhin schlechter gestellt, da sie andere Vorsorgeauf-

---

[367] Hey, DRV 04, 1 (11).
[368] VDR, Prot. FinA 15/47, 441 (455 ff.); Ruland, StB 03, 42 (47); Brall/Bruno-Latocha/Lohmann, DRV 03, 465 (481).

wendungen aus versteuertem Einkommen zu leisten hätten, während Beamte diese Beiträge im Rahmen der nicht anderweitig ausgeschöpften Höchstbeträge aus unversteuertem Einkommen leisten könnten[369]. Folglich sind Rentenbeiträge bei der Ermittlung der abziehbaren Altersvorsorgeaufwendungen nachrangig zu berücksichtigen.

e) Evidente Doppelbesteuerung bei Renteneintritt um das Jahr 2040

Bei einem Renteneintritt um das Jahr 2040 bedarf es für den Nachweis einer Doppelbesteuerung keiner komplizierten mathematischen Berechnungen, diese sind evident[370]. Wer im Jahr 2040 in den Rentenbezug eintreten wird, muss seine Rentenbezüge in vollem Umfang versteuern, da zu diesem Zeitpunkt die Übergangsphase im „Kohortenmodell" abgeschlossen sein wird. Er konnte aber seine Beiträge nur 15 Jahre lang – von 2025 bis 2039 – im Rahmen des vollen Höchstbetrags ohne prozentuale Beschränkung abziehen, da erst ab 2025 der schrittweise Anstieg der Abzugsmöglichkeit abgeschlossen ist. Die Verfassungswidrigkeit einer solchen, für den Betroffenen nicht zu vermeidenden Doppelbesteuerung liegt auf der Hand.

f) Ergebnis

Insgesamt gesehen führt die durch das AltEinkG getroffene Übergangsregelungen in erheblichem Umfang zu Doppelbesteuerungen.

2. Keine Rechtfertigung

Da durch die im AltEinkG enthaltene Übergangsregelung eine Doppelbesteuerung nicht vermieden wird, ist im nächsten Schritt zu prüfen, ob dies verfassungsrechtlich zu rechtfertigen ist.

Wie oben[371] dargelegt, ist eine Doppelbesteuerung grundsätzlich nicht zu rechtfertigen und sind auch Typisierungen nur sehr eingeschränkt möglich. Für die hier getroffene Übergangsregelung bedeutet dies, dass sowohl nach dem Ansatz der Rürup-Kommission, als auch nach der zutreffenden Berechnungsmethode des VDR eine unzulässige Doppelbesteuerung vorliegt. Selbst ausgehend von den teilweise unzutreffenden Prämissen der Rürup-Kommission ergibt sich, dass für einige Rentnerjahrgänge eine nicht hinnehmbare Zweifachbesteuerung vorliegt, denn diese müsste ausnahmslos vermieden werden. Die Ausführungen der Kommission, dass die gegebenen Doppelbesteuerungen in geringem Umfang

---

[369] Hey, DRV 04, 1 (14); VDR, Prot. FinA 15/47, 441 (459 f).
[370] Hey, Prot. FinA 15/47, 422 (436); HHR-Kulosa, Vor § 22 Anm. J 04-8 (Jahresband 2005).
[371] vgl. VII. A. 3.

hinzunehmen seien, treffen nicht zu. Darüber hinaus liegen nach den zutreffenden Berechnungen des VDR ohnehin ganz erhebliche, auf keinen Fall zu rechtfertigende Zweifachbesteuerungen vor.

3. Unzureichende „Öffnungsklausel"

Wie oben[372] bereits ausgeführt, wird die gegebene Doppelbesteuerung auch durch die sog. Öffnungsklausel nicht beseitigt, sondern lediglich abgemildert[373]. Eine verfassungskonforme Regelung wird hierdurch nicht getroffen.

4. Ergebnis

Durch die im AltEinkG getroffene Übergangsregelung zur schrittweisen Einführung der nachgelagerten Besteuerung von Alterseinkünften wird eine Doppelbesteuerung nicht in allen Fällen vermieden. Da eine Rechtfertigung einer Zweifachbesteuerung nicht möglich ist, liegt eine mit dem Grundgesetz nicht vereinbare Regelung vor.

---

[372] siehe oben IV.B.1.a) (2).
[373] Neufang, Stbg 04, 551 (561).

VIII. Lösungsansätze für verfassungskonforme Regelungen

Im Anschluss an die Feststellung der Verfassungswidrigkeit eines Gesetzes in mehreren Punkten stellt sich natürlich die Frage, wie verfassungskonforme Regelungen ausgestaltet sein müssten. Dies ergibt sich teilweise recht offensichtlich aus den bisherigen Darstellungen, soll aber nochmals zusammenfassend dargestellt werden.

Darüber hinaus sollen aber auch einige Denkansätze zur Vereinfachung der geltenden, mit der Verfassung vereinbaren Regelungen erläutert werden. Die geltenden Regelungen sind insbesondere aufgrund des Nebeneinanders von Sonderausgabenabzug, Riester-Zulage und Steuerbefreiung des Arbeitgeberanteils zur Rentenversicherung unnötig kompliziert und führen für den Einzelnen zu schwer vorhersehbaren steuerlichen Folgen[374]. Das zeigt sich schon daran, dass selbst unter Fachleuten in der juristischen Literatur darüber gestritten wird, ob die Rürup-Rente wirtschaftlich sinnvoll ist und wie Gestaltungsempfehlungen hierzu aussehen könnten[375]. Es gilt aber, dieses „Monster unnötiger Verkomplizierung" zu bekämpfen, da private und betriebliche Initiative bei der Altersversorgung unabdingbar sind. Je komplexer jedoch deren rechtliche Rahmenbedingungen werden, desto weniger werden die Betroffenen die Initiative ergreifen[376]. Prägnant formuliert muss „der Köder dem Fisch nicht nur schmecken, er muss ihn auch als solchen erkennen"[377].

A. Vollständige Umsetzung der nachgelagerten Besteuerung

Die verfassungsrechtlichen Probleme im Zielstatus der Rentenbesteuerung könnten nahezu alle durch die vollständige Umsetzung der nachgelagerten Besteuerung gelöst werden. Die Grundentscheidung für die nachgelagerte Besteuerung ist zu begrüßen, müsste aber konsequent durchgeführt werden. Das kann nur dadurch geschehen, dass die Beiträge zu Rentenversicherungen der ersten Schicht steuersystematisch korrekt als Werbungskosten qualifiziert und unbeschränkt zum Abzug zugelassen werden.

---

[374] 65. Deutscher Juristentag, NJW 04, 3241(3249); ebenso: Paus, DStZ 04, 760.
[375] Dommemuth/Hauer, FR 05, 57; Replik hierzu von Risthaus, FR 05, 295 und Duplik von Dommermuh/Hauer, FR 05, 297.
[376] Dommermuth/Hauer, FR 05, 297.
[377] Dommermuth/Hauer, FR 05, 297 (299).

Damit würde die durch die Einordnung als Sonderausgaben gegebene Ungleichbehandlung mit anderen Einkünften vermieden. Auch eine Doppelbesteuerung durch die fehlende Vortragsmöglichkeit würde nicht mehr auftreten. Der unbegrenzte Abzug der Aufwendungen hätte außerdem zur Folge, dass die durch die Höchstbetragsregelung gegebene Ungleichbehandlung mit anderen Einkünften beseitigt wird. Schließlich würde auch bei der vollen nachgelagerten Besteuerung der Renteneinkünfte eine Doppelbesteuerung nicht mehr auftreten.

B. Anpassung der Höchstbeträge für sonstige Vorsorgeaufwendungen

Die aus verfassungsrechtlicher Sicht zu niedrigen Höchstbeträge für sonstige Vorsorgeaufwendungen müssen auf angemessene Beträge angehoben werden. Diese müssen zunächst den Abzug der Beiträge zu den gesetzlichen Pflichtversicherungen ermöglichen und außerdem Spielraum für notwendige private Vorsorge außerhalb der gesetzlichen Sicherungssysteme lassen, soweit diese erforderlich sind.

C. Individuallösung für Übergangsregelung

Etwas problematischer gestaltet sich die Lösung der Doppelbesteuerungsproblematik im Zusammenhang mit der erforderlichen Übergangregelung. Wie die ausführlichen Diskussionen zu dieser Frage zeigen, ist eine pauschalierende Lösung auf Basis von Typisierungen äußerst schwierig durchführbar. Um dem Erfordernis der Vermeidung von Doppelbesteuerungen in jedem Fall zu genügen, müssten Pauschalierungen sehr weit gefasst sein. Eine noch längere Ausgestaltung der Übergangsfristen kann aber nicht ernsthaft in Betracht kommen. Eine großzügigere Pauschallösung, die in jedem Einzelfall eine Doppelbesteuerung vermeidet, würde daher zwangsläufig zu weiteren Steuerausfällen führen, die aus fiskalischer Sicht wohl in jedem Fall vermieden werden sollten.

Es bietet sich daher eine Individuallösung an, die seitens des VDR bereits während des Gesetzgebungsverfahrens vorgeschlagen wurde. Die Lösung basiert auf der individuellen Ermittlung des steuerpflichtigen Rentenanteils[378]. Nach Auskunft des VDR ist bei Neurentnern unproblematisch festzustellen, in welchem Umfang die Beitragsleistungen während der Erwerbsphase vom Versicherten selbst erbracht wurden oder auf fremden Leistungen beruhen. Diese Daten sind bereits im Versicherungskonto gespeichert[379]. Davon ausgehend könnte bei Ren-

[378] Brall/Bruno-Latocha/Lohmann, DRV 03, 465 (485).
[379] Brall/Bruno-Latocha/Lohmann, DRV 03, 465 (486).

tenbeginn der voll zu versteuernde Anteil bestimmt werden. Im Übrigen wäre – vergleichbar mit der steuerlichen Behandlung der Riester-Renten – die Besteuerung mit dem Ertragsanteil vorzunehmen. Der Aufteilungsmaßstab würde dann für die gesamte Rentenbezugszeit Gültigkeit besitzen.

Der in der Zeit vor dem AltEinkG gewährte Sonderausgabenabzug für Rentenbeiträge kann dabei außer Betracht bleiben, da sich aufgrund der Höchstbeträge Rentenbeiträge steuerlich nicht ausgewirkt haben. Für den nach Geltung des AltEinkG gewährten steuerlichen Abzug von Altersvorsorgeaufwendungen könnte der voll steuerpflichtige Anteil der Rente angemessen erhöht werden.

Diese Lösung würde verwaltungstechnisch für die Finanzbehörden keinen größeren Aufwand bedeuten als die momentan gültigen Regelungen. Anstatt des persönlichen Rentenfreibetrages nach der Übergangsregelung des AltEinkG wäre der steuerpflichtige Prozentsatz der Rente festzuhalten. Die Aufteilung der Besteuerung würde wie bei den Riester-Renten erfolgen. Insgesamt ist diese Lösung daher praktikabel und führt zu angemessenen Ergebnissen.

D. Vereinheitlichung der Alterseinkünfte

Die Umsetzung der vorbezeichneten Änderungsvorschläge wäre ausreichend, um das Minimalerfordernis einer verfassungsgemäßen Besteuerung von Alterseinkünften zu erfüllen. Die unnötige Kompliziertheit des Regelungskomplexes wäre damit aber noch nicht abgemildert oder gar beseitigt. Dies ist nur zu erreichen, wenn zum einen das Nebeneinander von Sonderausgabenabzug, Zulagenregelung und Steuerbefreiung des Arbeitgeberanteils zur Rentenversicherung beseitigt wird. Dabei sollte der steuerlichen Berücksichtigung der Aufwendungen aufgrund der nachgelagerten Besteuerung Vorrang vor einer Zulagenförderung zukommen[380]. Zum anderen ist das Nebeneinander von Riester- und Rürup-Renten nur schwer durchschaubar und schreckt die Adressaten von einer Investition eher ab, da die steuerlichen Folgen nicht zu kalkulieren sind.

Dieses Problem ist nur dadurch zu beseitigen, dass sowohl die Rürup- als auch die Riester-Renten als „Alterseinkünfte“ steuerlich gleich behandelt und voll nachgelagert besteuert werden. Dies bedeutet – nach einer Übergangsphase – die volle Besteuerung beider Renten bei im Gegenzug voller Abziehbarkeit der Beiträge als Werbungskosten. Nur so werden für die Steuerpflichtigen die steuerlichen Folgen transparent und es entfällt dauerhaft die Aufteilung der Renten in

[380] Beschlüsse des 65. Dt. Juristentags, NJW 04, 3241 (3249).

unterschiedlich zu versteuernde Anteile, wie sie bei Riester-Renten erforderlich ist. Zur Vereinfachung und zur Gewährung von Rechtssicherheit sollte die Überprüfung der Voraussetzungen für die Rürup-Renten ebenso wie für die Riester-Rente durch die vorhandene Zertifizierungsstelle erfolgen.

Ein wesentlicher Beitrag zur steuerlichen Vereinfachung könnte dann dadurch geleistet werden, die Riester-Zulagenförderung aus dem EStG zu lösen und in einem eigenen Gesetz zu regeln (systematisch vergleichbar mit der Eigenheimzulage). Aufgrund des vorgeschlagenen unbegrenzten Werbungskostenabzugs auch für Riester-Renten würde die Frage der Gewährung einer Zulagenförderung für die Besteuerung keine Rolle mehr spielen und eine Regelung im EStG damit entbehrlich werden. Die Zulage wäre eine reine Subvention, die bei Bedarf unabhängig von Besteuerungsfragen gewährt würde.

Ein solches selbständiges Zulagengesetz würde auch die Möglichkeit eröffnen, den wirtschaftlichen Unsinn der „Unisex-Tarife" bei den Riester-Renten zu beseitigen und trotzdem die bezweckten Resultate zu erhalten. Den mit der Einführung der Tarife gewollten Effekt, Männer und Frauen mit den Beiträgen gleich zu belasten, wäre über die Höhe der Zulage zu erreichen. Frauen könnte eine entsprechend höhere Zulage gewährt werden, um sie im Ergebnis hinsichtlich der Beiträge gleich zu belasten, ohne die Beiträge selbst zu vereinheitlichen. Das würde den Versicherungsunternehmen das Angebot wirtschaftlich sinnvoller Verträge ermöglichen und den Abschluss der Verträge für Männer wieder interessanter machen.

IX. Zusammenfassung

Zum Abschluss werden die wesentlichen Ergebnisse der Arbeit zusammengefasst:

1. Die grundsätzliche Entscheidung für eine vollständige nachgelagerte Besteuerung ist zu begrüßen, da realistischerweise nur hierdurch die verfassungsrechtlich erforderliche gleichmäßige Besteuerung von Beamtenpensionen und Renten aus der gesetzlichen Rentenversicherung erreicht werden kann.

2. Im System der nachgelagerten Besteuerung stellen die Rentenbeiträge in der Ansparphase Aufwendungen zur Erlangung (späterer) Einkünfte und damit (vorweggenommene) Werbungskosten dar. Diese sind nach der geltenden Rechtslage aufgrund einer eindeutigen Grundentscheidung jedoch nur als Sonderausgaben abziehbar.

3. Der Grundgedanke des „Drei-Schichten-Modells" ist steuersystematisch zu begrüßen, da mit diesem eine Unterscheidung in Einkünfte aus der Altersvorsorge und Kapitalanlageprodukte nach der Art der Einkünfte und nicht nach deren Quelle vorgenommen wird. Problematisch ist lediglich, dass innerhalb der Alterseinkünfte nochmals unterschieden wird. Die bestehenden Riester- und Rürup-Renten sollten daher zu Alterseinkünften zusammengefasst werden.

4. Das Verbot der Doppelbesteuerung lässt sich verfassungsrechtlich aus den Art. 3 und 14 GG herleiten. Es gilt für den Bereich der Einkommensteuer strikt, Ausnahmen sind verfassungsrechtlich nicht zu rechtfertigen. Typisierungen sind insoweit zulässig, als damit auftretende Masseerscheinungen in einem Gesamtbild zusammengefasst werden können. Bei diesen typisiert dargestellten Sachverhalten muss eine Doppelbesteuerung aber in jedem Fall vermieden werden. Für die Beurteilung, wann eine Doppelbesteuerung vorliegt, ist von der steuersystematischen Betrachtung auszugehen.

5. Die Geltung eines durchgängigen intertemporalen Korrespondenzprinzips im Steuerrecht ist abzulehnen. Die damit beabsichtigten Ergebnisse lassen sich unmittelbar aus den übrigen verfassungsrechtlichen Prinzipien der

Besteuerung herleiten, so dass seine Statuierung eine unnötige Verkomplizierung bedeuten, in der Sache selbst aber nicht weiterbringen würde.

6. Die Einordnung der Altersvorsorgeaufwendungen als Sonderausgaben verstößt gegen das Gebot der Folgerichtigkeit und das Verbot der Doppelbesteuerung, so dass insoweit eine verfassungswidrige Regelung gegeben ist. Der Verfassungsverstoß kann auch hinsichtlich des Doppelbesteuerungsverbots bereits in dem Zeitpunkt geltend gemacht werden, in dem Aufwendungen nicht zum Abzug zugelassen werden. Eine verfassungsgemäße Regelung muss im geltenden Grundsystem durch die Einordnung der Altersvorsorgeaufwendungen als Werbungskosten getroffen werden.

7. Die Begrenzung des Abzugs für Altersvorsorgeaufwendungen der Höhe nach verstößt gegen das objektive Nettoprinzip und ist verfassungsrechtlich nicht zu rechtfertigen. Eine verfassungsgemäße Regelung muss im geltenden Grundsystem durch den unbegrenzten Abzug der Aufwendungen getroffen werden.

8. Die sonstigen Vorsorgeaufwendungen dienen zur Absicherung gegen existenzielle Risiken und damit der aktuellen Existenzsicherung. Die hierfür geltenden Höchstbeträge reichen für die steuerliche Freistellung angemessener Vorsorge nicht aus, verstoßen daher gegen das subjektive Nettoprinzip und sind verfassungswidrig. Sie sind realitätsgerecht anzupassen.

9. Die unterschiedliche steuerliche Behandlung von Sozialversicherungs- bzw. Rürup-Renten einerseits und privaten Altersrenten aus Versicherungen der 3. Schicht (Kapitalanlageprodukte) andererseits ist mit dem Grundgesetz vereinbar.

10. Die getroffene Übergangsregelung zur Einführung der vollen nachgelagerten Besteuerung führt in ganz erheblichem Umfang zu Doppelbesteuerungen und ist daher verfassungswidrig. Eine Abhilfemöglichkeit unter Vermeidung zu großer Steuerausfälle besteht in einer Individuallösung, bei der für jeden Steuerpflichtigen der voll zu besteuernde Anteil seiner Rente individuell ermittelt wird.

11. Zur steuerlichen Vereinfachung sollten die Rürup- und Riester-Renten zu „Alterseinkünften“ zusammengefasst werden, über deren Vorliegen eine

Zertifizierungsstelle entscheidet. Hierfür sollte dann die volle nachgelagerte Besteuerung bei vollem Werbungskostenabzug realisiert werden. Die Förderung mittels der Riester-Zulage sollte in einem eigenen Gesetz, systematisch vergleichbar mit der Eigenheimzulage, geregelt werden. Die Beiträge zu Riester-Renten sollten wirtschaftlich zutreffend ermittelt werden, die mit der Einführung der Unisex-Tarife gewollten wirtschaftlichen Folgen sollten über die Höhe der Zulage erreicht werden.

Finanz- und Steuerrecht in Deutschland und Europa

Herausgegeben von Hanno Kube

Band 1 Gordon Dreher: Das Alterseinkünftegesetz. Systematische Darstellung und verfassungsrechtliche Zweifelsfragen. 2007.

www.peterlang.de